LA AGRESIVIDAD EN LOS NIÑOS

Prevención de la violencia infantil y juvenil

LA AGRESIVIDAD EN LOS NIÑOS

Prevención de la violencia infantil y juvenil

MARIANO GONZÁLEZ RAMÍREZ

Copyright © EDIMAT LIBROS, S. A.

ISBN: 84-9764-310-0
Depósito legal: M-48682-2002
Fecha de aparición: Febrero 2003

Colección: Guía de padres
Título: La agresividad en los niños
Autor: Mariano G. Ramírez
Diseño de cubierta: El ojo del huracán
Impreso en: LÁVEL

IMPRESO EN ESPAÑA – *PRINTED IN SPAIN*

PRÓLOGO

Cuando reflexiono un poco en el sistema de vida que hemos creado, me doy cuenta de la dificultad que entraña alcanzar un equilibrio mental sólido, donde la agresividad y la violencia no destruyan nuestras vidas y las de los demás. Muchas veces, llego a la conclusión de la imposibilidad de alcanzar un poco de tranquilidad y cordura en este mundo enloquecido por tantos factores que lo alteran. Todo se podría desarrollar de una forma equilibrada y pacífica y lo lógico sería que cada ser humano se hiciera consciente de lo importante que es su papel de vivir de una forma más humana, pero esto parece ser imposible, cuando el mayor problema que tenemos son los demás. Vivir en alegría y en paz parece imposible cuando, desde la cuna, ya se crean problemas a los niños, y después, la sociedad inconsciente les rechaza de mil formas. Parece ser que la «costumbre normal» de dañar los sentimientos viene de muy antiguo y es una mala educación que no puede erradicarse así por las buenas. Las tensiones a las que nos vemos sometidos diariamente, crean continua distorsión, y la convivencia se hace explosiva. Estos malos ambientes inundan las familias del mundo, y son veneno emocional: semillas que desencadenarán violencia en la personalidad del futuro adolescente y adulto.

En la pobreza extrema, y entre gente adinerada y culta, de aparente vida pacífica y confortable, no faltan las tensiones y los dramas. El desbordamiento emocional arrasa con todo, en cualquier lugar y posición social, cuando no existe un mínimo conocimiento de las consecuencias que pueden traer los comportamientos carentes de amor y respeto.

Los monstruos agresivos y asesinos surgen dentro de los seres humanos por muchas razones que desconocemos. *La razón de nuestra ignorancia es que no podemos examinar directamente lo que pasa en la mente atormentada de los asesinos y suicidas consumados.* Pero hay algo común en todos ellos, y son las heridas que se producen en sus sentimientos. Porque cuando se pierde el respeto y se daña continuamente la inocencia y la dignidad humana, surgen los resentimientos, y el ser humano empieza a enloquecer y se vuelve peligroso.

Muchas veces he analizado cómo se genera la agresividad dañina dentro de nosotros y he llegado a ciertas conclusiones evidentes: la naturaleza nos ha dotado para la defensa y la supervivencia con capacidades bioquímicas que se activan y desarrollan en un medio inhóspito sometido a agresiones y peligros continuos. Cuando el ser humano es atacado y agredido continuamente, desde la más tierna infancia, lo normal es que se desarrollen en él capacidades defensivas. Es normal, pues, que el instinto de supervivencia se revele como una protección de la propia vida, pero en el hombre y la mujer va más allá del propio instinto, pudiendo sembrar el terror intencionadamente.

Cuando se enloquece, la vida se vuelve intolerable. El ángel herido en sus sentimientos y en la edad de la inocencia, se puede transformar en un demonio por el resentimiento. El odio es un arma mortífera. A un ataque responde con la misma actitud. ¿Es el profundo instinto animal de supervivencia el que emerge y se desarrolla, para demostrar con su presencia que ha de ser respetado? Y más profundamente, ¿es el deseo de venganza el que destruye todo aquello que se supone una amenaza? La realidad es muy diversa, ya que cuando nos envenena el odio, la envidia... podemos pasar a convertirnos en endiabladas criaturas sedientas de sangre.

Con el amor se respeta, y si éste no existe, es fácil que se imponga el odio con violencia, para destruir aquello que hirió profundamente. Es un desequilibrio difícil de entender, porque es la propia existencia desequilibrada la que exige un desorden violento, que no es más que el caos de su propia existencia.

La carencia de amor para el espíritu es como la falta de alimentos para el cuerpo: cuando falta el amor se desata el egoísmo, la estupidez y el odio, y se busca con verdadera desesperación, aun sin saberlo, el alimento de la paz, el silencio, la alegría y la felicidad que nos da el amor. Cuando se tiene hambre, se desarrollan capacidades destructivas para poder comer. Un fiero león con su estómago lleno no necesita poner en acción sus instintos básicos para correr detrás de la gacela y matarla. Cuando la necesidad apremia, cambia su actitud pacífica y se transforma en cazador de aquello que va a saciar su apetito para su supervivencia. De esta manera, la vida se nos presenta como un horror, pero es lo natural, que se manifiesta por la necesidad de saciar el apetito. Los animales se comen los unos a los otros por necesidad. Esto puede explicar también muchos comportamientos humanos, cuando en caso extremo aparece la llamada necesidad biológica y ancestral. Matar entonces parece ser normal para saciar el instinto básico:

«Casi todos los modelos explicativos de este punto de vista comparten una idea mecanicista o "hidráulica" de la violencia: se trata de una energía innata acumulada en un "depósito interno", probablemente en el cerebro, que se libera automáticamente. De acuerdo con esta teoría las conductas destructivas y la sed insaciable de dominio de las personas, obedecen a un impulso natural programado en los genes de la especie humana.» (Luis Rojas Marcos.)

Escarbar un poco para ver la realidad es impresionante y tenemos que saber que todos los seres, hasta los más pequeños y microscópicos organismos, estamos provistos de elementos biológicos y emocionales que desempeñan la misión elemental de la supervivencia, y por ésta se desencadenan hechos violentos con toda naturalidad y que estamos hartos de ver. Sin embargo, los seres humanos, desde hace miles de años y como consecuencia de nuestra misteriosa evolución, descubrimos otras dimensiones de comportamientos en las que nuestros instintos básicos y primarios se inhiben para dar lugar a otras capacidades que organizan nuestra vida en un nuevo orden armonioso e inteligente, donde la paz y la no violencia contribuyen al progreso y al equilibrio de la humanidad. Donde, incluso, no es necesario matar animales para comer. Es como un salto emotivo y espiritual, donde se genera otra organización, más evolucionada. Es el resurgimiento de las emociones nobles el que da vida a una forma de ser inteligente y organizada, que da paso, más allá de la supervivencia, a vivir la vida con plenitud y en la paz que nos da sentirnos protegidos los unos a los otros por la capacidad de amar. Es un milagro, si tenemos capacidad de pensar y comprender, que un sentimiento emotivo de estas características pueda transformar el mundo hostil de continuos atropellos. Cuando se ama y respeta, las capacidades violentas permanecen dormidas, se atrofian y desaparecen. En vez de comer carne, comemos vegetales. En vez de odiar, amamos profundamente. Y los seres humanos nos transformamos en hombres y mujeres buenos. En santos y dioses de la bondad infinita.

En cambio, de la otra forma emerge un desequilibrio tal, que hace que los seres humanos se transfieran a sí mismos unas características que sólo sirven a la violencia y la destrucción. Desde un entendimiento biológicamente robotizado, pasamos a convertirnos en salvajes tirano-saurios.

Entendiendo la realidad, podemos sorprendernos y así apreciamos lo que valen los seres que lo entregan todo por los demás. Los padres que entregan su propia vida a sus hijos están colaborando a formar el nuevo universo de amor que necesitamos para que este mundo sea un lugar donde podamos gozar de la vida y no un lugar inhóspito donde sobrevivir comiéndonos y destruyéndonos los unos a los otros. Ciertamente parece mentira y una forma antinatural de aceptar la vida, pero no hay nada que llene más al mundo entero que el resurgir de superhombres y supermujeres hechidos de amor, y estos seres son, entre todas las demás criaturas, las sencillas madres y los sencillos padres que entienden a sus hijos y les dan todo su amor y educación desde la más tierna infancia, construyendo así una evolución que se dispara ya hacia las estrellas. Gracias al amor, los seres humanos han sido capaces de surcar el espacio y el mundo de valores donde se sustentan sus capacidades intelectuales, haciendo posible su crecimiento desde un orden elemental de paz, alegría y equilibrio.

Las semillas de la violencia sembradas en la infancia crean seres rencorosos incapaces de reconocer otras dimensiones de equilibrio.

En una entrevista realizada al famoso boxeador Mike Tyson se comprueba que su historia, como la de muchos otros seres humanos, es digna de tenerse en cuenta en este libro para entender, por su propia experiencia, el significado que tiene la infancia en el orden mental, cerebral y emocional, que se fragua día a día y con el paso de los años, hasta llegar a la adolescencia y la edad adulta.

* * *

«No es tan malo como parece —dice George Foreman, en otro tiempo el campeón mundial de los pesos pesados más viejo, a propósito de Mike Tyson, que fue el campeón mundial de los pesos pesados más joven—. Si se escarba hasta lo hondo, hasta lo muy hondo, hasta lo muy, muy hondo, hasta llegar a China, seguro que acabamos encontrando a un buen tipo.» Cuando uno termina de escarbar, lo que se encuentra es que el boxeador multimillonario, un chulo y violador convicto al que denominan Iron Mike, tiene debilidad por los pájaros. De niño, Tyson criaba palomas en el tejado de un edificio abandonado en Brooklyn, al lado de la sórdida casa de vecinos en la que vivía con su madre. Cuando los pájaros estaban enfermos o acababan de nacer, Tyson pasaba toda la noche con ellos; si hacía frío, los llevaba a su piso, los acunaba, los llamaba «mis niños». Una mañana lloró inconsoladamente al descubrir que un perro había matado a veinticinco de ellos.

Cuando tenía ocho o nueve años era un niño menudo para su edad, amable y sensible, en una jungla urbana en la que la violencia era la moneda de cambio social. Tenía una voz suave y aflautada. Ceceaba al hablar. Los demás chicos le llamaban mariquita y le pegaban. Incluso las niñas. Si tenía algo de dinero, se lo robaban; si llevaba puesta una chaqueta bonita, se la quitaban. Volvía a casa, a su madre, corriendo entre lágrimas y se burlaban aún más de él. «¡Mariquita! ¡Mariquita!»

Cuando cumplió diez años empezó a crecer. Un día su reputación de debilucho se esfumó para siempre. Un chico cinco años mayor que él, un adolescente matón de los que poblaban el barrio, cogió una de sus palomas. Mike le rogó que la dejara marchar. El otro chico, entre risas, retorció el cuello del ave hasta rompérselo. Luego le arrancó la cabeza.

Por primera vez el instinto venció al miedo. Mike luchó. Todas las humillaciones acumuladas en su interior estallaron en un ataque de ira ciega. Golpeó al chico, le dio patadas y puñetazos, le hirió hasta hacerle sangre. Se convirtió en un delincuente, un pistolero, atracador de ancianas, medio hombre y medio niño, temido en su barrio y en los correccionales juveniles, que pasaron a ser su hogar fuera de casa. A los trece años no sabía leer ni escribir, pero medía 1,73 metros y pesaba 90 kilos. Entonces un entrenador de boxeo (Cus d'Amato) vio el demonio que había en el. «Ese es el campeón de los pesos pesados —dijo admirado—, si es que quiere.»

D'Amato se lo llevó a su casa, prometió a las autoridades juveniles que iba a encargarse de que no se metiera en líos y le adoptó como parte de su familia; al morir la madre de Tyson, cuando el tenía dieciséis años, la adopción se formalizó.

Había nacido una leyenda. El viejo hombre blanco, con un corazón de oro, acoge bajo su tutela al joven bruto de piel negra y se convierte en el padre que nunca tuvo. Gracias al afecto del viejo, el joven sale de la pobreza y alcanza un éxito inimaginable. Era la clásica historia de redención del sueño americano. Los medios de comunicación se entusiasmaron con ella, a los promotores de boxeo les encantó, pero D'Amato quiso adoptar a Tyson porque éste podía pegar como un mulo y algún día ser campeón de los pesos pesados. Una materia prima que ofrecía la posibilidad de alcanzar gloria y fortuna. Pasado el tiempo se convirtió en campeón del mundo y en el autor de los puñetazos más temibles en la historia del boxeo. Cuando murió D'Amato, Tyson lloró y le dijo a uno de los que le acompañaban que se sentía tan solo que quería suicidarse. D'Amato fue la persona con la que Tyson mantuvo lo más parecido a una relación sincera; aquél había calculado que el éxito dependía, en parte, de proporcionar a Tyson un colchón emocional, de encauzar sus impulsos asesinos y autodestructivos; pero quienes les siguieron después fueron, por lo general, matones mercenarios, y no les importaba en absoluto lo que ocurriera con el desarrollo de su inversión como ser humano mientras les permitiera seguir obteniendo beneficios. Tyson decía: «Mi forma de ganarme la vida atrae a los cabrones. Cuando murió mi padre adoptivo, todo lo que hice fue atraer a tipos que robaban, arrebataban y se quedaban con todo. Nosotros no somos más que corderos en manos de los leones y tigres de este negocio.» Ningún león o tigre fueron tan cabrones como su primera mujer, Robin Givens, y su promotor Don King; éste convirtió a Tyson en un imbécil. No le resultó demasiado difícil porque entendía a los jóvenes grandes y brutos como Tyson. Sabía cómo convertirlos en corderitos, despellejarlos y acabar con sus huesos. Empezaba creando un falso sentido de identidad familiar, del que sabía que Tyson carecía. Tyson conservaba un cálido recuerdo de su padre adoptivo, D'Amato, en un rincón de su alma y empezó a confiar en su nuevo dueño, que le manejaba a su antojo. A Don King no le interesaba enseñar a Tyson las normas básicas de corrección social ni intentar controlar los demonios que habitaban en su interior, y pensaba que la forma más segura de ganar su afecto era consentirle sus deseos más primitivos. Tyson le había dicho a D'Amato cuando era adolescente, que repelía a las mujeres porque les parecía demasiado feo. Ahora que había desarrollado y liberado su bestia salvaje manifestaba: «Me gusta hacer daño a las mujeres cuando hago el amor con ellas... Me gusta oírlas gritar de dolor, verlas sangrar... Me da placer.» Una noche después de pasar el día entero bebiendo champaña, incapaz de distinguir entre su personaje violento del cuadrilátero y las normas sociales que debía seguir fuera de él, Tyson se comportó como un lobo drogado entre inocentes corderitos. En la madrugada violó a Desiree Washington, una belleza de dieciocho años procedente de Rhode Island. Pasó tres años en la cárcel y durante ese tiempo quiso cambiar de vida. Descubrió la literatura. Leyó a Mao, Maquiavelo...; le había encantado *Cándido* de Voltaire; había leído a Homero, Tolstoi, Scott Fitzgerald, Hemingway... Tyson había obtenido una nueva sabiduría y comentaba: «Cuando gané el título, aquel Mike Tyson acababa de cumplir veinte años y no era más que un niño... Ahora mi primer deber es para con Alá... Sé que cuando salga de la cárcel seré mejor persona que cuando entré... Me han robado, han abusado de mí, se han aprovechado y me han mentido toda mi vida. No voy a volver a esa situación.»

El día que salió de prisión le esperaba el demonio Don King, más decidido que nunca a garantizar la continuación de los robos, abusos y mentiras, a que Tyson volviera a hundirse en su estado anterior y a que Alá y sus enseñanzas salieran volando por la ventana a toda velocidad. Tyson ganó muchos combates y le descalificaron inmediatamente por morder a Holyfield en la oreja y arrancarle un trozo de cartílago. Tyson, de nuevo caído, se mostraba agresivo fuera del cuadrilátero maltratando a la gente, golpeando a hombres mucho más viejos que él. Con el tiempo de nuevo parecía querer volver a ser un hombre sensato y anunció que iba a querellarse contra Don King por robo de cien millones de dólares. Tyson declaró que las personas del mundo del boxeo eran peores sinvergüenzas que los criminales entre los que había crecido.Tyson intentaba un viaje hacia el conocimiento de sí mismo y en ese tiempo conoció a un «consejero» judío Shelly Finkel. También había una nueva esposa, aparentemente agradable y sensata; una médica, llamada Mónica Turner, que había conocido antes de ir a la cárcel. Finkel trató de limpiar la imagen de Tyson diciendo que por fin se había quitado las escamas de los ojos y había descubierto una nueva madurez, que esta vez iba en serio y que, por primera vez, Mike Tyson sentía amor a la familia y a los hijos. Lamentablemente no fue esa imagen idílica la que transmitieron los psiquiatras que le habían examinado. «El señor Tyson —decían— afirma que ha experimentado sentimientos de tristeza, desesperación y desamparo toda su vida y llevaba de igual forma, toda su vida, luchando con pensamientos de conducta autodestructiva.» El pasado mes de enero manifestaba con lenguaje grosero de las películas de acción de los duros de las películas, contra un boxeador surafricano llamado Francis Btha: «Me parece que voy a bañarme en sangre. Él sabe lo que hago. Meto a la gente en bolsas de cadáveres.» En esa misma conversación con la prensa, daba un cambio brusco de humor, empezó a confesarse y compadecerse de sí mismo: «No recuerdo cuándo fui feliz por ultima vez —reflexión que no hablaba muy bien de su segundo matrimonio—. Sufro mis problemas delante de todo el mundo. Si me peleo con mi mujer todo el mundo se entera. No soy una persona cultivada. No soy pomposo. He estado en la cárcel, he hecho cosas malas. He llegado a lo más bajo posible. Nadie lo sabe. Sólo lo sabe la sombra.» La sombra era una imagen de película barata de Hollywood, o tal vez, de sus lecturas de los clásicos de prisión. La verdad profunda de Mike Tyson, un hombre que, en definitiva, carece de todo conocimiento de sí mismo y se mueve impulsado por oscuras fuerzas que no puede controlar. Es el espíritu de la sombra. Y a través de su clara asociación con ese estado de oscuridad primordial, Tyson adquiere cierto grado de universalidad, se eleva a algo lejano, a la condición del antihéroe clásico, por su incapacidad de reprimir impulsos que la mayoría de las personas civilizadas son conscientes de poseer en su interior, pero que han aprendido a dominar. Y lo han aprendido porque saben que ese es el contrato implícito de la coexistencia social, la condición —el conjunto de normas— que nadie enseñó nunca a Tyson, y que, por consiguiente, le ha costado grandes esfuerzos obedecer. Pero sobre todo una falta de amor que ha dejado un gran vacío de emociones nobles y ha dado paso al desarrollo de la brutalidad fiera e instintiva del animal ancestral que vive dentro de todos los seres humanos. A Tyson se le puede considerar como una fuerza de la naturaleza, a la vez infrahumana y sobrehumana, que habita un mundo lleno de caos. Teddy Atlas, un colaborador de D'Amato que conoció bien a Tyson durante su adolescencia, dice de una forma muy sencilla: «Mike no posee ninguna identidad. No sabe quién es ni dónde está.» Lo que sí hace es acariciar en las películas que ve y en la soledad de su mente, imágenes de destrucción. «Últimamente estoy muy furioso —decía—. Muy, muy, furioso. Sé que un día voy a estallar.»

El día 5 de febrero de 1999, ingresó en prisión cumpliendo una sentencia de un año. Cuando salió, con treinta y tres años, regresó al negocio del boxeo espectáculo. La imagen estrafalaria de Tyson volvió a despertar la fascinación morbosa garantizando pingües beneficios y seguirá atrayendo más fango y más cabrones dispuestos a aprovecharse de él. La liberación de este ser humano parece imposible; quizás algún día cuando deje de ganar dinero pueda reunir por fin a unos cuantos amigos sinceros que sepan encontrar al buen ser humano sereno que lleva dentro, pero es muy duro el caparazón que se ha formado, la ignorancia y la complejidad mental que se ha formado por la tortura de un mundo que le ha hecho un triunfador y un fracasado.

* * *

Cuántas historias se podrían escribir de adultos víctimas de una infancia sembrada de anécdotas violentas. Las semillas de la violencia pueden sembrar el terror cuando los seres humanos se hacen adultos. Los cerebros enloquecen cuando en la mente existen fantasmas en la sombra que manipulan al individuo y hacen de él su capricho. Son potenciales oscuros que pululan en medio del caos y el desconocimiento. Una mente enrevesada y emocionalmente destructiva sufre y hace sufrir, y todo por culpa de las circunstancias de los ambientes que las personas carentes de emociones ejercen en el niño desde su más tierna infancia.

Siempre, desde que tuve uso de razón y de las reacciones que vi en mi propia naturaleza, comprendí la fragilidad y la perfección de los cerebros humanos. Toda mi vida aconsejé sumo cuidado con los niños, que son la esperanza de un mundo mejor.

Bien decía Jesús hace dos mil años: «Si alguien escandaliza a uno de estos pequeños, más le valiera atarse una rueda de molino al cuello y tirarse al mar.» Todos ellos son dignos de ser amados, porque son la esperanza de un mundo más equilibrado, donde el amor es la base de la evolución.

EL AUTOR

CAPÍTULO I

LA VIOLENCIA PRODUCE MODIFICACIONES IRREVERSIBLES EN EL CEREBRO

«Para comprender mejor el gran poder de las emociones sobre la mente pensante —y la causa del frecuente conflicto existente entre los sentimientos y la razón— consideraremos ahora la forma en que ha evolucionado el cerebro. El cerebro del ser humano, ese kilo y pico de células y juegos neuronales, tiene un tamaño unas tres veces superior al de nuestros primos evolutivos los primates no humanos. A lo largo de millones de años de evolución, el cerebro ha ido creciendo desde abajo hacia arriba, por así decirlo, y los centros superiores constituyen derivaciones de los centros inferiores, más antiguos.

En el cerebro se encuentra la amígdala que no sólo está ligada a los afectos, sino que también está relacionada con las pasiones.

La amígdala es un importante vigía de la vida mental, una especie de centinela psicológico que afronta toda situación, toda percepción, considerando una sola cuestión, la más primitiva de todas: ¿Es algo que odio? ¿Que me pueda herir? ¿A lo que temo? En el caso de que las respuestas a esta pregunta sean afirmativas, la amígdala reaccionará al momento poniendo en funcionamiento todos sus recursos neuronales y cablegrafiando un mensaje urgente a todas las regiones del cerebro.

DANIEL GOLEMAN

¿Se puede vivir sin amar?

Sí se puede. De hecho el mundo ha vivido a lo largo de su historia en un odio permanente, aborreciéndose los unos a los otros con intensidad y saña. Según los relatos bíblicos, antes del Diluvio Universal los hombres se odiaban a muerte, no había ni uno bueno y por este motivo Dios los arrasó sobre la faz de la tierra. Aunque muchos digan que el pasado fue mejor, no es cierto. La idea de que el presente es peor que el pasado no concuerda con la realidad de los hechos. Si comparamos el ayer con nuestro presente abrumado de violencia, la historia de los seres humanos está marcada de agresiones malignas, y a pesar de todos los males que nos aquejan, los seres humanos hemos dado un gran paso hacia la paz y el equilibrio. Pero la vida continúa siendo muy difícil con tanta intolerancia y violencia implacable.

Existen muchos seres dañinos que se pasaron al odio como acción y acabaron destruidos o autodestruyéndose.

Nacemos con la capacidad tanto para amar como para aborrecer; la disposición hacia ambas emociones se adquiere ya durante la infancia y se desarrolla y se moldea con las experiencias y con el tiempo. Esto me lleva a pensar, de una forma segura, que en los hogares se pueden desarrollar dos tipos de semillas: las del bien y las del mal. La ciencia del bien y del mal la enseñamos los padres. Un borracho violento y además fanático religioso y político, puede trastornar a sus hijos cuando los somete con violencia a sus mandatos neuróticos. Conozco un caso realmente patético. Miguel es un chico de veinticinco años que fue víctima en su infancia de los malos tratos de su padre; un borracho y fanático falangista. Miguel podía haber sido un adulto normal, pero le faltó amor. Le dieron muchas bofetadas tanto físicas como psíquicas. Domina la informática a la perfección, pero es víctima de la depresión y los arrebatos agresivos por culpa de las semillas violentas que depositaron en su tierna infancia. Es bueno cuando se le da afecto y entiende que es de verdad lo que se siente por él. Desconfía, habitualmente, de que las personas sean capaces de amarlo y apreciarle de verdad. Habla mucho como desahogo...

Han pasado muchos años ya desde la ultima paliza que le dio su padre. A las cinco de la mañana de un día más de violencia doméstica, defendió a su madre de ser agredida por su padre y Miguel quedó inconsciente de un violento golpe que le propinó su padre en la nariz. Le llevaron al hospital siempre con el mismo soniquete de que el niño se peleaba mucho con su hermano. Así transcurrió la vida de Miguel hasta que su padre murió de cirrosis siendo él todavía un niño. Aquella familia fue marcada por un enfermo que siempre trató de imponer su ideología, con los puños amenazantes batiéndolos en el aire y golpeando los rostros de seres frágiles e inocentes. Miguel y sus hermanos saben sonreír y hablan con normalidad, son buenos, pero muy desconfiados y a veces violentos porque sus vidas fueron grabadas con las huellas fantasmales de la agresividad. Son seres deprimidos, inseguros, desconfiados... Miguel sonríe, cuenta chistes e historias que ocurren en su vida: unas inventadas y otras verídicas. Sobre todo siempre quiere sentirse el héroe y protagonista.

Los actos violentos son más perjudiciales que las catástrofes. La confianza de los niños maltratados ha sido minada y pierden la seguridad del mundo interpersonal. En un instante los otros se convierten en una amenaza.

—¿Y por qué sucede esto? —me preguntó Miriam.

—Según los neurocientíficos, estos momentos aterradores se convierten en recuerdos que quedan profundamente grabados en los circuitos emocionales. Todos estos síntomas son indicadores de una hiperexcitación de la amígdala que mueve continuamente los recuerdos del acontecimiento violento y traumático, e irrumpe de manera obsesiva en la conciencia. Los recuerdos traumáticos son como disparos de alarma cuando se teme que los acontecimientos puedan volver a repetirse. Por este motivo los niños agredidos son susceptibles y esos recuerdos se quedan impresos como un distintivo del trauma que han sufrido.

—¿Qué es la amígdala?

—La amígdala del ser humano es una estructura en forma de almendra interconectada con otras estructuras y que se halla encima del anillo límbico y al nivel de los ojos. El hipotálamo y la amígdala fueron dos piezas claves del primitivo «cerebro olfativo» que a lo largo del proceso evolutivo, terminó dando origen al córtex y posteriomente al neocórtex. La amígdala está especializada en las cuestiones emocionales y es una estructura muy ligada a los procesos del aprendizaje y la memoria. La interrupción de las conexiones existentes entre la amígdala y el resto del cerebro provoca ineptitud para calibrar el significado emocional de los acontecimientos, un condicionante que se llama «ceguera afectiva.»

—¿Cómo es esta ceguera?

—Es una falta de contenido emocional; de esta forma los encuentros con las demás personas pierden todo sentido. Hay casos de pacientes a los que se ha extipado quirúrgicamente la amígdala para evitar que sufrieran ataques graves y éstos perdieron todo el interés en las personas. Preferían sentarse solas ajenas al contacto humano. Seguían siendo perfectamente capaces de mantener una conversación, pero ya no podían reconocer a sus amigos íntimos, a sus parientes, ni siquiera a sus padres, y permanecían completamente impasibles ante la angustia que les producía su indiferencia. La ausencia de la amígdala impide todo reconocimiento de los sentimientos. La amígdala constituye, pues, una especie de depósito de la memoria emocional y, en consecuencia, también es como un depósito de significado. Es por ello por lo que una vida sin amígdala es una vida despojada de todo significado personal.

—Es muy difícil para mí asimilar todo esto. Aunque es sorprendente.

—Aún hay más, la amígdala no sólo está ligada a los afectos sino que también está relacionada con las pasiones. Aquellos animales a los que se les ha seccionado o extirpado quirúrgicamente la amígdala carecen de sentimientos de miedo y de rabia, renuncian a la necesidad de competir y de cooperar, pierden toda sensación del lugar que ocupan dentro del orden social y su emoción se halla embotada y ausente. El llanto, un rasgo emocional típicamente humano, es activado por la amígdala y por una estructura próxima a ella. Cuando uno se siente apoyado, consolado y confortado, esas mismas regiones cerebrales se ocupan de mitigar los sollozos, pero sin amígdala ni siquiera es posible el desahogo que proporcionan las lágrimas.

—¡Es extraordinario!

—Desde luego. Últimamente, al mirar a los niños y a los adultos, siempre me imagino su cerebro y la perfección de éste para emitir y captar los mensajes, y sobre todo cómo se nutre y se transforma, a través de los estímulos que recibe del exterior. Y siempre está preparado para aprender. Su capacidad de asimilación es enorme, en unas condiciones adecuadas de relajación y alegría.

—¿La tensión emocional que... ?

—El impacto devastador que causa la tensión emocional sobre la lucidez mental y el aprendizaje es terrible, llegando a paralizar la parte activa de la lógica y la razón.

—No me has dejado terminar.

—¡Ah, perdona! Pensé que...

—No, no... si esa era la respuesta que esperaba, pues yo soy consciente de mi bajo rendimiento cuando me pongo emocionalmente tensa. Y pensando en los niños, fíjate en las dificultades que pueden tener esos tiernos cerebros que son maltratados por la ignorancia de los adultos.

—Los padres y maestros deberían saber perfectamente que las tensiones y el temor de nuestras actitudes, unas veces violentas y otras indiferentes y carentes de amor, entorpecen el funcionamiento de la mente. Cuando la irritación, la ansiedad o la depresión se apodera de los niños, éstos se hallan atrapados y se les dificulta el aprendizaje, porque no perciben adecuadamente la información. Las emociones negativas intensas absorben toda la atención del individuo.

—¿Las obsesiones aparecen en estos estados?

—Desde luego. Los niños enferman volviéndose obsesivos. Su atención se encadena a las circunstancias problemáticas que les producen ansiedad, temor... En estas condiciones les invade la desesperación, la impotencia, el desaliento...

—Yo no entiendo cómo los colegios y las familias no se conciencian de una vez por todas de estos aspectos fundamentales para el equilibrio de los niños.

—Porque hasta ahora no se han visto claros estos procesos y aun así, sólo los que estudian y leen un poco se ponen al día, aunque no se hacen totalmente conscientes de la importancia de los buenos tratos. La buena educación requiere una superación personal muy profunda y normalmente la mayoría de los padres y profesores son mediocres. Lo peor de todo es la falta de humildad para reconocer que un niño es inocente, que los padres y maestros problema son los que dificultan la sana evolución de los niños.

—Desde luego no es fácil comprender que la actitud más profunda de superación tiene que partir de los padres y educadores; si ellos no cambian es absurdo todo intento.

—Ciertamente es así, porque una persona que tiene perturbadas sus emociones, lo único que produce son perturbaciones en su entorno. Es necesario detener y pacificar ese huracán para poder crear un estado de calma y maduración interior y ese estado repercutirá en los hijos. Así no hacen falta las palabras, porque es la acción de la transformación personal la que incide en el equilibrio personal y en el de toda la familia. La motivación positiva surge y está ligada al entusiasmo y la confianza.

—Antes me vino a la cabeza hacerte una pregunta y no quiero que se me pase.

—¿Qué pregunta?

—¿Qué científico descubrió la amígdala y sus funciones?

—Joseph LeDoux, un neurocientífico del Center for Neural Science de la Universidad de Nueva York.

—¿Cómo hacen estos descubrimientos?

—Utilizan métodos y tecnologías que cartografían el funcionamiento del cerebro con un nivel de precisión desconocido hasta ahora y ponen al descubierto misterios innacesibles. Se han descubierto circuitos nerviosos del cerebro emocional, muy importantes, sobre la forma como la amígdala asume el control constituyendo el núcleo de las emociones.

—Es apasionante, desde luego. Sobre todo por la perfección y precisión del funcionamiento de nuestro cuerpo.

—Es sorprendente, es cierto, y lo ignoramos. Pasamos por la vida sin apreciar que nuestra existencia es un milagro. No cabe duda que el futuro se presenta apasionante para que el ser humano adquiera conocimientos profundos y comprobados. Después dependerá que las familias y la educación asuman su responsabilidad. Llegará el momento en que el conocimiento nos llegue de una forma instantánea y objetiva y aumente nuestra capacidad. De esta forma entraremos en una dimensión donde muchos misterios se desvelarán, dándonos la oportunidad de conocernos mejor. Porque....

—¡Alberto! ¿No crees que te estás apartando del tema?

—¡Oh, sí! —la verdad es que me apartaba ciertamente, pero todo tenía que ver con el tema que estábamos tratando.

—Bueno, perdona si me equivoco —dijo Miriam con cierta inseguridad.

—No, no... no te equivocas, pero es bueno recordar que en nuestros hijos se siembra un malestar profundo cuando los padres no prestamos atención a sus vidas. Ellos, desde que nacen, se atan y dependen de nosotros. Esperan todo. Entonces, considero que los problemas que tenemos los padres para educar a nuestros hijos, no son más que una falta de capacidad de admiración, aprecio y de sorpresa profunda por su milagrosa existencia. ¡La falta de atención es tan dañina...! Estamos tantas veces dormidos o entretenidos en nuestros quehaceres y egoísmos personales que olvidamos algo tan fundamental como la atención amable y cariñosa del día a día. ¡Tantas veces nos molestan...! ¿Y por qué nos sentimos así, cuando los hijos siempre son motivo de alegría?

CAPÍTULO II

LA PEREZA, EL EGOÍSMO, LA COMODIDAD... DE PADRES Y PROFESORES, ¿SON SÍNTOMAS DE VACÍO DE AMOR?

Creo a ciencia cierta que nos hemos hecho muy cómodos y egoístas y, en este estado perdemos la oportunidad más grande y bella que la vida nos ofrece para disfrutar de la *extraordinaria alegría* que existe en la infancia de nuestros hijos. Ellos nos molestan, pero esto es sólo una reacción de nuestro cuerpo y nuestra alma por una postura cómoda, perezosa... que nos hace olvidar los auténticos objetivos de atención y de amor. Cuando se vive la vida con la perspectiva exclusiva del propio placer y felicidad, de forma aislada, nos hacemos incapaces de dar lo mejor que hay en nosotros. Es como si se rompiesen los lazos emocionales de intercambio mutuo entre padres e hijos y se creara un abismo. Mientras ocurre este fenómeno, no somos conscientes de la lejanía que se está experimentado. Oímos sus voces, nos exigen un poco de atención y responsabilidad y obramos a desgana. El más minimo problema es insoportable porque nos encontramos carentes de amor. El mal humor, la apatía, la desidia... son síntomas de la deshumanización de los padres. De esta forma perdemos a nuestros hijos y a nosotros mismos. Cuando dejamos de compartir nuestra vida con ellos, viene el olvido. Perdemos. Empezamos a percibir las terribles frustraciones y posiblemente seamos las futuras víctimas de la terrible soledad insoportable e inhumana, por el capricho de vivir sólo para nuestros gustos y necesidades. Yo entiendo que los verdaderos padres, por instinto natural, se olvidan de sí mismos y lo entregan todo. Los problemas de los hijos son atendidos de la mejor forma posible. Dan lo que pueden y mucho más. Una madre o un padre que ama de verdad siente la necesidad de entregarse, e incluso da su propia vida por la de sus hijos. Nada le pertenece y todo es de aquellos a los que ama.

¡Cuántos gestos de sacrificios conozco! Padres sin recursos profesionales para trabajar, y sin embargo lo dieron todo y se sacrificaron hasta el límite: fregaron, barrieron... ¡Cuántos ejemplos de mujeres de la vida se entregaron a esa profesión pública para dar a sus hijos lo mejor.

El amor echa estómago para hacer cualquier cosa por el bien de los hijos.

* * *

Ayer fui a hacer unas fotocopias. En la entrada había un señor de unos cincuenta y tantos años. Le di los buenos días y me contestó serio e indiferente. No me gustó su reacción. El hombre me miraba con cierta curiosidad. Yo pensé mal, condicionado por pensamientos de desagrado. Prejuicios. Me dio la sensación de que era profesor. El colegio público lo tenía enfrente, y en su conversación con la dueña del establecimiento pude dilucidar que estaba en lo cierto.

—Déme también un bolígrafo rojo, que es tiempo de corregir y se gastan rápidamente —dijo aquel hombre, alto, delgado, moreno y con barba bien arreglada.

—¡Pobrecillos! ¿Hay muchos suspensos? —dijo la señora compadeciéndose de los niños.

—Algunos hay. Ahora con tanta televisión como ven los chavales, pues no estudian —dijo el hombre.

Él y la mujer se acercaron al lugar donde me encontraba con la intención de pagar las fotocopias y el bolígrafo. El hombre me miraba y yo seguía opinando lo mismo de él. Hizo un comentario intentando captar mi atención.

—Además los hijos son un problema muy grande —no sabía por qué hacía ese comentario y me sonreí. Al instante cambié mi actitud mal pensada y reaccioné amablemente sonriendo.

—Este señor sonríe y eso es por algo, ¿no? —me dijo tratando, amablemente, de comunicarse conmigo.

—Sonrío porque le he oído, y es el comentario de muchos padres hoy día. Soy padre y sé un poco de hijos. Pero no debemos olvidar que también los padres podemos ser un grave problema para nuestros hijos —lo entendió, pero él seguía pensando que...

—Los hijos cuando cumplen siete años... A partir de esa edad es cuando empiezan a ponerse tontos... Entonces es cuando hay que espabilarlos para que nos dejen tranquilos.

Medio en broma, medio en serio, entendí que me había topado con un padre comodón, no cabía la menor duda. Y además era profesor. Noté en él una reacción de aceptación hacia mis opiniones. El hombre se despidió muy amablemente. Seguidamente le hice un comentario a la mujer de la tienda. Madre de dos hijas. Mujer sensible y entregada. Otras veces habíamos intercambiado opiniones y sabía que era muy amante y protectora de sus dos hijas.

—¡Yo creo que este hombre se ha pasado! ¿No? —le dije.

—Un pelín —dijo la mujer sonriendo.

—Yo creo que a los hijos, en vez de abandonarlos, hay que ayudarlos hasta que se puedan valer por sí mismos. Me parece absurdo y terrible la forma de ser de muchos padres de ahora. Mi madre, que tiene setenta y tres años, todavía está activa y preocupada por sus hijos, e incluso su amor maternal se extiende hacia sus nietas. Yo entiendo que un hijo es para toda la vida. ¿No le parece?

—¡Oh, tiene usted razón! Yo también opino así. Mis padres murieron hace unos años y nunca olvidaron su responsabilidad, y sobre todo, el amor por sus hijos y nietos era fundamental para sus vidas. Ellos lo daban todo.

La mujer hablaba con profundo cariño recordando a sus progenitores. Vi en ella una hija agradecida y emocionada. Recordó algunos pasajes de la vida de sus padres con un amor envidiable. Me fui de aquel lugar lleno, y convencido de la lección de amor de aquella hija y madre-maestra.

* * *

—¿Estuviste mucho tiempo hablando con ella? —me dijo Miriam.

—No. Fueron cinco minutos, pero de una intensidad admirable. Allí me di cuenta de algo fundamental: de la forma de ser de los padres que quieren a sus hijos, pero que se apartan de ellos por pura comodidad, considerándolos como un estorbo. Estos comportamientos llegan a ser tan dañinos como una gota de agua que golpea día a día la roca, al final la desgasta. Los padres hedonistas, desgastan a sus hijos y los rompen por dentro con el tiempo, creando en ellos graves alteraciones.

—¿Tan graves como los malos tratos físicos?

—Yo considero que todos los padres que no aman a sus hijos son una amenaza para ellos. Los acontecimientos traumáticos no solamente los produce la violencia física; la carencia de emociones nobles hacia los hijos y el egoísmo son actos violentos que interfieren también en su estabilidad y desarrollo, minando la confianza que de forma natural surge hacia los demás y en la seguridad del mundo interpersonal. Un instante de violencia cruel o de años sintiendo el goteo del desamor produce en los niños alteraciones, y el mundo se vuelve un lugar peligroso, en el que los otros constituyen una amenaza potencial. La crueldad deja en la memoria, una huella de miedo. [«La amígdala, repito, constituye, pues, una especie de depósito de la memoria emocional y, en consecuencia, también es como un depósito de significado. Es por ello por lo que una vida sin amígdala es una vida despojada de todo significado personal.» (D. G.)] Las impresiones violentas pueden perdurar toda la vida.

—¿Qué impresión les quedará a los niños víctimas de las guerras? Entro en este tema por todos los acontecimientos de extrema crudeza y violencia de la guerra en Kosovo. Dicen que es la mayor catástrofe ocurrida en Europa desde la Segunda Guerra Mundial.

—Estos acontecimientos no tienen nombre. Todas las guerras nos deben hacer pensar. Yo creo en la necesidad de humanizar el mundo cuanto antes. Suena a utopía imposible de realizar, pero es necesario que esta aparente imposibilidad, tan dura como el acero, empiece a quebrarse. Los seres humanos que somos mínimamente conscientes del significado de la sensibilidad y el amor, debemos enseñar, al margen de los intereses ideológicos, el crecimiento del interior humano hacia la convivencia pacífica. Debemos forjar caminos de acciones prácticas para desterrar de una vez por todas el odio que sentimos hacia nuestra propia especie. Yo me pregunto muchas veces el porqué de nuestros comportamientos violentos y siempre tropiezo con una mente cerrada a interpretar la vida de otra forma que no sea la ira, los resentimientos, la intolerancia, la falta de respeto... El mundo está plagado de semillas destructivas y malignas que afloran fácilmente en las familias y los pueblos. Cuesta mucho más esfuerzo construir una unidad armónica y libre en el amor, que un nucleo carcomido por el odio y la violencia. Los seres humanos somos así, nuestra mente se hace monstruosa cuando las circunstancias la hieren, y respondemos con odio y destrucción. Todo es así: en los seres humanos, en la familia, en los Estados y en el mundo entero. El monstruo aparece y construye armas con las que aniquilar a sus enemigos. Los padres construimos nuestras propias lanzas invisibles y agresivas para no ser molestados, y los hijos heridos no soportan ya los consejos ni la ayuda que les prestamos desde intenciones artificiales. Nos rechazan porque ellos fueron rechazados.

—No has respondido a mi pregunta: ¿Qué impresión les quedará a los niños víctimas de las guerras?

—A los niños y a los adultos; todos serán marcados por la huella del terror. Pero los niños... ¡pobres criaturas! No les han dado tiempo a crecer y madurar, ni a disfrutar de una vida digna. Todos, los mayores y los pequeños, experimentarán, durante toda su vida, miedo y ansiedad al más mínimo recuerdo de la tragedia. El pensamiento del terror nunca se borrará de sus mentes sufriendo pesadillas frecuentes. Estos recuerdos seguirán teniendo poder obsesivo cuando exista algún estímulo que evoque los recuerdos del pasado, provocando una respuesta de auténtico peligro. Cuanto más brutal y estremecedor sea el acontecimiento, las víctimas, desde el punto de vista biológico, ya no vuelven a ser los mismos. Poco importa que haya sido el terror del combate, la tortura, los abusos... La situación de estrés incontrolable acarrea profundas secuelas biológicas. La sensación de impotencia convierte estos sucesos en algo personalmente abrumador, porque la idea de morir desencadena una alteración cerebral profunda. Un niño que haya sido tiroteado y que haya visto la muerte a su alrededor siente una extraordinaria sensación de impotencia y una impresión traumática de miedo incontrolable al más mínimo recuerdo del pasado.

—¡Pobrecitos! ¿Nunca podrán superarse del trauma?

—Según los psiquiatras hay tres fases diferentes para los sujetos afectados por un trauma: en primer lugar el paciente debe recuperar la sensación de seguridad que había perdido; después, recordar los detalles del trauma, y finalmente, debe sufrir y aceptar lo que pueda haber perdido en esas circunstancias.

—¿De esta forma se curan definitivamente?

—Se restablecen para hacer una vida normal. El cerebro reaprende que la vida no es una situación de alarma constante. Recuperar la sensación de seguridad es muy importante porque disminuye el grado de sobreexcitación emocional. Este es un gran obstáculo para el reaprendizaje. La tensión nerviosa es un gran impedimento para comprender la realidad de lo que está ocurriendo; por este motivo hay que enseñar una especie de desaprendizaje de la lección de impotencia que supuso el trauma.

—Pero, ¿todos estos niños necesitan ayuda psiquiátrica obligatoria?

—Es lo normal, y no todos los psiquiatras tienen capacidad para resolver este tipo de problemas, sólo aquellos que aprendieron un método adecuado de recuperación. Lo normal es que les traten con medicamentos para evitar los estados de ansiedad y depresión, y cuando los pacientes mejoran se les da el alta sin más contemplaciones. Lo más comodo para los psiquiatras es inflar de medicamentos a los pacientes sin ningún tipo de sensibilidad. En las grandes ciudades son muchos los enfermos que acuden a la consulta y no hay tiempo para mucho. Si se quiere una atención más cuidada, lo normal es pagar y así se resuelven los problemas. Esta es otra de las monstruosas realidades de nuestra sociedad; los seres humanos con escasos recursos económicos están a merced de la suerte.

—Entonces el mundo está a merced de la suerte. Esto me hace reflexionar de una forma muy negativa, porque si no hay conciencia, ni práctica de los afectos del equilibrio, y después hay pocos que se ocupen en curar los desequilibrios, todo puede degenerar. Si la psiquiatria es un lujo que unos pocos se pueden permitir, ya me dirá tu que alivio puede haber en estas sociedades neuróticas.

—Está clarísimo. Un tratamiento de un determinado número de sesiones puede costar entre las sesenta o setenta mil pesetas. Aunque en la seguridad social hay atenciones, no pienses que vas a encontrar profesionales responsables que muestren interés por el enfermo; existen algunos, pero son contados con los dedos de las manos. Conozco a una mujer de cuarenta años que sufre depresión hace ya muchísimo tiempo y sólo va a la consulta del psiquiatra para que le recete pastillas. No se entretienen demasiado, porque no hay cariño, ni amor por la profesión, todo está en un lamentable estado de desidia. Lo importante es ganar dinero. Vuelvo a repetir que no todos los profesionsles son así, pero la mayoría huye de las responsabilidades, más allá del estándar de atención a los pacientes. Por eso debemos alentar a las familias, para que sepan que ellas son el crisol donde los hijos aprenden a ser equilibrados y alegres en la vida. Ellos son los únicos que pueden crear en sus hijos un espíritu de fortaleza, porque la salud mental parte, de una infancia arropada por el amor y la ternura.

CAPÍTULO III

DEGRADACIÓN DEL AMOR EN LA SOCIEDAD

«La fiebre romántica es una emoción plasmada en los genes, un carácter básico y esencial de la humanidad que se manifiesta bajo las formas más complejas y simbólicas pero que también posee un sustrato bioquímico que se activa en el cerebro. Investigaciones recientes han identificado sustancias específicas, como la feniletilamina y la dopamina, que estimulan ciertos neurotransmisores cerebrales y juegan un papel importante en los estados pasionales del enamoramiento.

Todos sabemos lo que es amar y lo que es odiar. La emoción antitética del amor es el odio. No obstante, ambas emociones tienen características en común. Tanto cuando detestamos con rabia a otra persona como cuando nos invade el delirio del flechazo, aumenta nuestra secreción de adrenalina, se incrementa la tensión muscular, se nos dilatan las pupilas y sentimos la pasión bullir en nuestro corazón, en el estómago, en los brazos y en las piernas.

Como el amor, el odio es una pasión que implica esfuerzo y unas actitudes y conductas que exigen conocimiento del individuo detestado. Requiere imaginación y envilecimiento del enemigo, al que se demoniza o convierte en un ser maligno. El rencor es selectivo, y para cumplir su función con eficacia necesitamos concentrarnos —y obsesionarnos —en el ser odiado y su mundo. Sin duda, el odio puede llegar a ser una gran fijación que absorbe y consume toda la atención y energía psíquica de la persona que lo siente.»

LUIS ROJAS MARCOS

El amor, la paz y el silencio son valores que viven aquellos seres humanos que alcanzan un nivel de crecimiento interior y sensibilidad alto. Ellos son capaces de apreciarlos, como tesoros naturales fundamentales, para desarrollar la armonía y la alegría de vivir.

Si no existe el amor en alguna de las formas que se conocen: amor fraternal, amor materno, amor paterno, amor filial... a la vida le falta algo fundamental, y los seres humanos se encuentran perdidos en medio del vacío de la nada y de sus bajas emociones. En esos estados se hace insoportable la vida personal y es una amenaza para los demás. De este vacío de auténtico amor se crean formas de pseudoamor, que son, en realidad, otras formas de la desintegración del amor.

Nuestra sociedad marca y regula a los seres humanos por un patrón de mercado y relaciones económicas, y de aquí se derivan muchos comportamientos que sólo tienen un valor de intercambio. Esta tendencia domina desde que el capitalismo creó su estructura básica dominante, donde el amor era un estorbo más que una necesidad emocional de vital importancia. La irracionalidad razonable se fue adueñando del mundo, y los corazones de los seres humanos terminaron secándose a medida que avanzaba la sugestión de esta mentalidad dañina. El poseedor de capital tenía y tiene el poder; por tanto, compra mano de obra a la que exige sin contemplaciones; esto quiere decir que no alberga sentimientos ni compasión alguna. Esta mentalidad organiza una jerarquía de valores matemáticos que sólo sirven a los beneficios de unos pocos y que afectan a la mayoría esclava de una organización antinatural que los separa irremediablemente del medio natural externo, e influye en el interior «quemando el alma» de las emociones nobles.

El cristianismo, a través de los siglos, asume también el poder y las tácticas materialistas, olvidando y destruyendo el auténtico significado esencial de su existencia. En estas condiciones, el mensaje noble y misterioso de Jesús es un idealismo utópico y ridículo para los falsos cristianos. La mentira confunde, y a los creyentes de verdad se les considera tontos sensibleros, puesto que aquello que no conduce a la seguridad del poder no merece tenerse en cuenta. Y la propia iglesia, en la que dudo habite el espíritu de Jesús, porque su forma de actuar más bien parece del demonio, se inventa sacramentos, indulgencias, milagros... y mil historias para atraer la atención de la mayoría, que en realidad es la que le da poder económico e importancia. Y aquello que fue un gesto de amor, compasión y liberación para el mundo, se transforma en una obra diabólica que desintegra el hecho admirable de la auténtica espiritualidad. El amor es destruido por la ambición de la jerarquía que ostenta el poder y del capitalismo que se une a ella. A través del tiempo son confundidos por su propia ideología y se crea el caos, donde las crisis religiosas son conflictos personales de auténtica locura. La desorientación llega hasta nuestros días, dejándonos a muchos vacíos e incrédulos, desvinculados del ancestral misterio. Y sólo aquellos humildes que ponen en acción la esencia de Jesús, son ejemplos que hacen perdurar el amor como salvación del género humano a través de los tiempos.

Nuestra sociedad, falsa e incongruente, es la consecuencia del disparate de la soberbia y la incredulidad, incluso en lo más elemental y real de la vida.

Las mentes funcionan a un ritmo trepidante como máquinas de generar dinero para conseguir poder. El mundo, inevitablemente, se canaliza ya por el interés, el egoísmo... Todos vamos en busca de una salvación personal, olvidándonos de la realidad más palpable que existe, que es la propia muerte. Sentimos una sensación extraña y falsa de eternidad, como si no fuésemos a morir nunca, y derrochamos la vida, y a la vez vivimos conscientes del límite de nuestra existencia que nos hace «comer, vivir y gozar pensando que mañana moriremos». Y nos hacemos insensibles, porque la sensibilidad es una molestia para disfrutar plenamente de todos los placeres de la vida. Esta forma de ser genera el caparazón de la deshumanización y provoca el resurgimiento de las otras emociones antagonistas, que destruyen las virtudes de la vida natural, alegre y llena de sentido trascendente. Y unos confunden a los otros, como en la famosa Torre de Babel que menciona la Biblia. Porque... ¿no será que Babel es el símbolo de la confusión de la mentalidad de todos los hombres y mujeres del mundo en busca de un disfrute y una salvación inexistente, que genera las disgregación, el caos y la violencia? Y así, la capacidad de amar se reduce a la mínima expresión, porque en estas condiciones es imposible que brote la sinceridad auténtica que se necesita para que los seres humanos sean capaces de confiar los unos en los otros.

La mayoría de las personas sólo somos engranajes de la gran maquinaria del odio que domina el mundo, donde es mejor un descerebrado que cumpla órdenes, enajenado de sí mismo y separado de sus semejantes y de la naturaleza entera, que un ser humano libre para amar y pensar. De esta forma las relaciones humanas son robotizadas, no tomando conciencia de los deseos humanos más profundos y esenciales. Y así funciona la mayoría ignorante, con informaciones desprovistas de sentimientos y cargadas de vanidad. Son los llamados hipócritas que lucen sonrisas y palabras falsas, pero a la más mínima, sus cerebros caen en peligrosas emboscadas obsesivas que les llevan al odio y la violencia. Niños, jóvenes y adultos pueden ser las víctimas de este proceso degenerativo que arrasa, en la mayoría de los casos, a inocentes criaturas, provocando odio y agresividad sin límite.

—Pero esta no es la forma de vivir de todo el mundo —dijo Miriam tratando de destruir la asfixia que mis palabras le producían. Porque el hecho de analizar a la sociedad profundamente, a mí también me causaba asfixia; una especie de envenenamiento o como si estuviésemos en un callejón sin salida donde inevitablemente la deshumanización nos había metido sin remedio.

Esta forma de análisis era una obsesión que no podía erradicar de mi vida y mis palabras siempre manifestaban lo que sentía y pensaba, porque una de las poderosas razones de la crueldad del mundo se enraizaba en el egoísmo, la maldad y la hipocresía. Ciertamente tenía mucha razón, el mundo se estaba convirtiendo en un gran comercio torpe, lleno a rebosar de falsedad, donde la diplomacia hipócrita sustituía a los sentimientos sinceros. Miriam tenía razón. No todo el mundo estaba loco y contaminado por la mediocridad capitalista, Pero, ¿como podría convencerme, si todo olía a su podredumbre?

La profunda espiritualidad y el amor desaparecían como los bosques del planeta entero, y crecía la ignoracia y el apego al consumo, la rutina, la esclavitud de la insana industria del entretenimiento. Se estaba generando una nueva explosión inhumana y perezosa, que nada tenía que ver con el equilibrio sosegado y natural que imprimía la vida desde sus orígenes. Caminábamos todos hacia una forma de vivir insensible y vacía de objetivos nobles. Las familias inevitablemente eran absorbidas por esa mentalidad, y destruidas sus conexiones emocionales por superfluas y robotizadas formas de entender la vida.

Sentir, dicen muchas mentes confusas que es «romántico», pero de una forma despectiva. Como si el romanticismo fuese cosa de unos pocos locos; que sólo ellos pueden *sentir* en su locura. Y además, está pasado de moda. Y yo me pregunto: ¿en qué mundo estoy viviendo? ¿Los seres humanos ya no sienten? ¿En estos seres ya no existe la sensibilidad? *¿sólo sienten los románticos y las románticas?* ¡Qué estupidez, Dios mío! Y todo por la confusión tan terrible a la que hemos estado sometidos a lo largo de la historia y hasta nuestros días.

Está sociedad está realmente trastornada y perdida. No tiene conciencia de su estado patológico, siendo ella la principal culpable de los crímenes ejecutados por individuos perturbados, a causa de un subconsciente colectivo enfermo, incapacitado y avergonzado para *sentir; para sentir amor.*

La industria vende violencia en los videojuegos, la televisión y el cine. La vida real mezquina se muestra reforzada de esta forma e induce a las mentes infantiles a formarse ideas, con deseo de llevar a la práctica ese conglomerado informativo que ofrecen las pantallas en dos o tres dimensiones. Las experiencias vividas en la mente hay que llevarlas a la práctica, porque empuñar un arma de verdad y matar en la vida real es el máximo placer sádico. Muchos niños canalizan sus resentimientos y agresividad a través de los juegos violentos, y unos pocos son los que lo llevan a la práctica, destruyendo vidas humanas por el placer de matar. Entiendo que las raíces del crimen son diversas y muy complejas, pero en cada acto violento hay vacío de amor y una confusión aterradora. El odio y la ignorancia producen máquinas de matar. La personalidad de los individuos se vuelve paranoica y antisocial. Estos individuos monstruosos son engañosos e irresponsables, de un narcisismo aterrador. Sin escrúpulos ni remordimientos, arrasan con todo. Estos son los hijos de tanta vanidad y palabrería social; de los sistemas escolares ineficaces y deshumanizados; de los nacionalimos racistas que crean hijos que aborrecen; de los falsos políticos demagogos... Tantas y tantas formas de actuar crean los marginados violentos, que aprendieron bien la prepotencia, la arrogancia... desarrollando un exceso de sensibilidad hacia cualquier tipo de rechazo. Se hicieron ciegos e ignorantes, condenados a cometer las más horrendas barbaridades. Muchos son los que no soportan estar condenados a la irrelevancia. Esta sociedad que mentaliza desde la infancia a ser el héroe y a triunfar por encima de todo, produce un tipo de ser humano tendente al protagonismo y a una psicopatía narcisista peligrosa y desequilibrada. Porque donde reina el desequilibrio entre aspiraciones y oportunidades y existe la desigualdad, se forma el caldo de cultivo de la maldad.

Mis pensamientos surgían como las burbujas de un volcán. Era consciente de la diversidad de factores que crean al monstruo inhumano y asesino, y de que el odio y la carencia de amor, siempre provocaban las masacres y las guerras. El fuego crece en mi interior y quiere expresar, al entender claramente, que el absurdo irracionalmente lógico del contenido de la mente humana mata lo más hermoso de la vida y crea monstruosas criaturas del engaño, contagiando a unos y a otros a odiar y matar, en una cadena interminable del odio por el odio.

—Miriam, tienes razón, todo el mundo no vive de la misma forma, ¡gracias a Dios!

—Es que tanta repetición de lo mismo cansa —me parecía estar escuchando a mis hijos, cuando me recriminaban lo pesado y machacón que era, al intentar convencerles de que tenían que ser buenas personas. Mi forma de ser se había formado así, por un exceso de preocupación, al ver demasido cerca un mundo desolado por la barbarie inhumana. Trataba de convencer a Miriam de la importancia de mis sentimientos, aunque ella me entendía perfectamente.

—Pero, Miriam, ¿estás enfadada?

—No, no... Sólo que... quizá seas muy repetitivo y te lanzas a...

—¿No crees necesario analizar con razones de peso objetivo lo que está pasando en nuestro mundo? ¿No ves lógica la necesidad que tengo de desgranar la realidad histórica para ver los motivos de tanta ineptitud inhumana? ¿No es bueno, para convencernos, desarraigar las causas que producen el mal y ponerlo en entredicho, para que sepamos que en todos nosotros habita la bestia destructiva y asesina capaz de surgir en el momento más inesperado, herida y diabólica?

—Sí, sí, es lógico y muy necesario. Perdona, Alberto, si te he molestado.

—Si no es molestia, yo también me canso muchas veces de esta especie de obsesión. Pero si dejo de pensar y analizar y me conformo, me da la sensación de unirme a toda esa masa de gente dormida e insensible. Si te digo la verdad, siento repugnancia por sentirme así, como un feliz veraneante al que sólo importa estar panza arriba tomando el sol para ponerse moreno y lucirlo entre sus amigos. ¡No soporto la maldita frivolidad cuando es tan necesario desarrollar capacidades y dar soluciones inmediatas, aunque sólo sea dentro de nosotros, para cambiar tanto desencanto! Porque es dentro de nosotros donde debemos empezar a arreglar el mundo. No se nos puede olvidar. Hasta la educación de nuestros hijos en los colegios llega el veneno insensible capitalista al que sólo interesa estrujar los bolsillos de los padres. Un niño para esta gente es como un producto al que se le saca un rendimiento. Estos centros nunca podrán enseñar con cariño y dedicación, porque su atención está centrada únicamente en los beneficios que obtienen. La destrucción del amor se está llevando a cabo en todos los lugares a un ritmo frenético y nadie parece ser consciente del daño que produce esta ceguera.

—Pero todos los colegios no se rigen por los mismos plateamientos mercantiles. Ni todas las familias son iguales en ese aspecto.

—Ya lo sé. ¡Menos mal! Aunque sean pocos, todavía quedan personas sensatas. Porque desde luego si todos se portaran de una forma tan mezquina, los mismos estudiantes habrían destruido todos los colegios. Esperemos que esto no llegue a suceder, porque la violencia que desencadenan los adolescentes puede ser terrible, como por desgracia estamos viendo en los últimos tiempos en EE.UU. y en otros lugares del mundo. ¡Cuánto nos quedará por ver todavía, Dios mío!, si no se educa desde la infancia con mucho cariño y respeto. Tenemos el ejemplo de muchas familias pobres e incluso adineradas que evolucionan respetando y apreciando todo aquello que produce profunda alegría y ganas de vivir. Ellos se dan cuenta del fundamento de las virtudes y los valores de la vida, para la supervivencia y la evolución pacífica de nuestra civilización. Son conscientes de que el amor es un estado fundamental, porque lo necesitamos para sobrevivir y lo perseguimos para dar sentido a nuestra vida diaria. Pero hay una cantidad de gente vana, cómoda y ciega... Narcisista, egoísta, hedonista... que influye, degenerando con frívolas y cómodas razones. Nos convencen, incluso, de que la destrucción de la naturaleza y los sentimientos buenos es razonable y lógica para el progreso. Que los hombres y mujeres sentimentales son una torpeza para el ritmo de los tiempos. ¿Qué ritmo monstruoso es éste?

—Pero esta gente es una minoría loca.

—Una minoría que parece mayoría, y que influye y tiene poder económico sobre la mayoría, e impone sus leyes de mercado y sus teorías, sometiendo a la gente a un ritmo de vida vacío y trepidante, sin importarle ni lo más mínimo el futuro de la humanidad. Nos hace a todos prisioneros de la trama de la identidad social irreal que está creando para su propio beneficio. Todo esto acaba con el amor y genera futuros monstruos.

—Alberto, te vuelvo a repetir que estás obsesionado.

— Ya te he dicho que sí y no lo niego. No sabes el efecto que me produce ver en televisión y en los periódicos... a tanta gente en extrema pobreza, víctimas de la guerra, deambular de un sitio para otro, llorando y sufriendo. Mientras que otros, en Ibiza por ejemplo, no piensan nada más que en exhibir sus cuerpos y en sus orgasmos. Los placeres del cuerpo están muy bien, yo no rechazo pasar buenos ratos, pero de ahí a tener sólo esta idea en la cabeza, me parece una aberración... ¡y que no sean capaces de percibir nada más... es indignante! Es una preocupación constante. No puedo evitar ver en cada ser humano el signo del desierto de la deshumanización y esto... ¡me parece en extremo muy duro! Y lo extraño es que siempre fue así: una masa de gente ignorante, aborregada, centrada únicamente en sí mismos y en sus sensaciones de placer.

—Sin embargo, tu forma de pensar no es del todo cierta, pues a lo largo de la historia, en todas las culturas, los hombres y las mujeres han luchado sin cesar por amar y ser amados desde la profunda autenticidad natural. Se adora el amor, porque es una fuente emocional de verdad, equilibrio y poder... Incluso ahora es así, existen seres enamorados de la existencia; auténticos ángeles de la guarda del amor. Entiendo que debilitando y extinguiendo esta fuerza, el ser humano se vuelve una pesadilla, incluso para sus propios hijos, en los que siembra las semillas venenosas de la violencia.

—Los padres que no tienen clara la importancia de las emociones nobles pagan un alto precio por la forma de ser inconsciente que se genera en ellos. Porque matando el amor se cultiva la agresión fisica o psicológica. Se cae incluso en la frivolidad. Existen matrimonios y parejas desgraciadas que no pueden amarse se publican; para ellos libros de instrucciones que prometen la felicidad y el amor, partiendo de la base de que el amor es el hijo del placer sexual, cuando es precisamente lo contrario. El amor es el gran afrodisíaco que estímula la sexualidad. Estos individuos superfluos consideran a los seres humanos como maquinitas que, con las técnicas adecuadas, se ponen en marcha. Con tanta ignorancia y despropósito están inhibiendo y destruyendo la capacidad de amar.

—¿Y qué me dices de la «Viagra»?

—¿Qué quieres decir...?

—Los efectos de la «Viagra» os ponen a tono a los hombres.

—No entiendo.

—Pues que sois maquinitas —Miriam me gastaba una broma y me hizo pensar.

—Indudable, máquinas biológicas de millones de años de antigüedad. ¡Y qué perfección!, ¿verdad?

—¿Y si algún día inventan la píldora para amar?

—Habrán inventado el amor sintético y eso no será amor. Además no hace falta que inventen nada, muchas drogas e incluso el alcohol crean estados eufóricos, y la gente se engaña pensando que eso es amor. La música también produce estados románticos. No hace falta que inventen nada para producir efectos engañosos. El amor brota del ser humano, es la verdad profunda que todos podemos llegar a vivir, y esa forma de ser se cultiva viviendo y aprendiendo, desde que nacemos, hasta morir. Los medicamentos y las píldoras, que los laboratorios sacan al mercado constantemente, ayudan al cuerpo a reaccionar cuando en él se deterioran determinadas funciones. Curan las enfermedades e influyen de una forma precisa. La sexualidad saludable depende sobre todo del cuerpo, del cerebro y de una mente y un espíritu sanos. Entiendo que la Viagra no es ningún sustituto del amor, es solamente un fármaco que estimula y provoca una erección, y ahora, hasta los muertos de amor pueden tener erecciones y satisfacer sus ansias de sexo.

—¿La lujuria es amor?

—¿El hambre es amor?

—No.

—Son sólo necesidades biológicas. El amor es algo muy distinto: es poder, alegría, solidaridad, bondad, fidelidad, auténtica verdad... y su capacidad nos libera de multitud de ataduras y violencia inútiles.

—Te quiero, Alberto

—Y yo

—¿Qué te pasa?

—Siento un escalofrío por todo el cuerpo.

—¿Y tú?

—*Siento mucho amor* —y como imágenes de distinta polaridad, nos unimos en un beso.

CAPÍTULO IV

DEGRADACION DEL AMOR EN LA FAMILIA

«Hace meses, en una calle de Chicago, alguien salió de las sombras de la noche y comenzó a disparar salvajemente a un grupo de adolescentes que estaban jugando en un patio. Cuando el tiroteo cesó, una niña de catorce años yacía muerta en el suelo con una bala en la cabeza. El asesinato de esta joven conmocionó profundamente a la sociedad norteamericana. Lo grave de este caso no fue tanto la tierna edad de la víctima como la edad incluso menor del homicida, Robert Sandifer, que apenas tenía once años.

Tres días más tarde, la búsqueda del inculpado concluyó debajo de un puente, donde se encontró su cuerpo sin vida en un charco de sangre y barro con un disparo en la nuca. Según la policia, Robert pertenecía a una cuadrilla de pistoleros y tenía antecedentes penales que podrían ser perfectamente los de un malhechor veterano. En los dos últimos años había sido detenido en diez ocasiones por robo a mano armada. Cuando tenía tres años, Robert fue abandonado por su madre soltera de dieciocho años. Las autoridades que le recogieron observaron que su pequeño cuerpo estaba marcado por múltiples cicatrices de quemaduras de cigarrillo en el cuello, la espalda y las piernas.

De todas las teorías que se barajan sobre las causas del crimen violento, ninguna ha recibido tanta atención ni ha ocasionado debates tan apasionados como la que se centra en la influencia de la estructura familiar en la formación del delincuente.»

LUIS ROJAS MARCOS

Me llama poderosamente la atención la ineptitud de los padres que exigen gratitud y amor a sus hijos, cuando ellos les critican y azotan desde el más sombrío de los sentimientos. Siempre son los peores padres del mundo los que exigen gratitud a sus hijos. Su ignorancia es tremenda, además de la alienación social a la que están sometidos. Un niño pequeño necesita ser amado. Más que dar, desea y necesita ser amado. Aunque se nace con la capacidad de amar, ésta se adquiere en la infancia, se desarrolla y se moldea con las experiencias y con el tiempo. De esta forma somos capaces de amarnos y amar a los demás.

Muchos niños sufren, cuando se les exige dar muestras de cariño a fulanito o menganito. Es un error forzar a los niños a sentir. La reacción normal surge con buen trato y espontaneidad. Las conexiones emocionales se crean de una forma natural. Sin embargo, todos esos comportamientos son herencias culturales negativas y el entrenamiento inicial para irrumpir en un mundo adulto amplio y falso, donde actuar con hipocresía es lo normal y ventajoso, si de relaciones comerciales y profesionales se trata. Todas estas actitudes marcarán con el tiempo el distanciamiento con los padres, y cuando los niños se hacen adultos, se sienten mal y los rechazan. Muchos se preguntarán: ¿por qué no sienten amor por sus padres?, y ello es debido al derrumbamiento de los sentimientos de afecto por las demandas prematuras y forzadas de amor hacia sus padres familiares y extraños.

El niño posee su propia e intensa vida, que debe vivir libremente sin tener que convertirse en un pequeño hipócrita para complacer a sus padres. De esto se podría hablar mucho: de cómo se destruyen los sentimientos del niño. Estas actitudes son deshonestas y una cobardía.

—Pero, en muchos casos, los padres ignoran las consecuencias de sus comportamientos. Ellos actúan desde una forma de ser que consideran normal, inconscientes del mal que producen esas intimidaciones amorosas. Para ellos es normal, siempre se hizo así y siguen la tradición.

—Una tradición impulsada por la ceguera hereditaria, como inercia de la ignorancia mediocre y egoísta.

—La conciencia de que el verdadero amor no requiere someterlo a prueba; y no pide nada, sino que todo lo da, es descubrimiento de gente amorosa, sencilla y sensible. Es un avance evolutivo de muchas familias. que aprendieron a comportarse así, por lecciones de la propia experiencia o enseñanzas al margen de esa experiencia.

—Ahora los educadores deberían enseñar a los padres el significado que tiene saber todo esto, pero creo que son aspectos insignificantes para ellos, que están centrados en lo que consideran los grandes e importantes desafíos educativos. No creo que enseñar a amar sea un desafío, ni siquiera un objetivo prioritario en las escuelas ni en ningún sitio. Se da por hecho que se ama, y es mentira. Como se da por hecho el oxígeno, y es otra mentira, porque cada vez está más contaminado. El amor y el oxígeno son de vital importancia y ya ves en qué deterioro se encuentran.

—A Luisito no le exigimos afecto y sin embargo nos da muestra de ternura espontánea cuando él lo siente.

—Porque tiene una madre muy especial y muy enterada, que no es moco de pavo ¿verdad? ¿Qué te parece si montamos una escuela de amor, Miriam?

—No estaría mal y falta que hace.

—Nos tomarían por locos, y sin embargo es tan necesario como comer o respirar, porque estamos olvidándonos de que el amor es el alimento emocional más importante para remontar el vuelo hacia una sociedad más humana. Pero parece ser que no acabamos de entender que el desencanto y los grandes males del mundo se curan con *amor*.

Miriam y yo vivimos juntos desde hace unos meses. Somos muy felices. Nuestra relación es de una armonía envidiable. Nunca pude imaginar volver de nuevo a saborear la dulce estabilidad del amor. Luisito, su hijo, nació de su anterior matrimonio con Arturo, fallecido en un accidente de tráfico. El niño nos produce una alegría inmensa. Yo he encontrado otro hijo y él ve en mí un segundo padre que le transmite seguridad. Esto me halaga enormente, porque al no ser rechazado, la fluidez de los afectos nos permite hablar, jugar y sacar el máximo aliciente a cada momento vivido. Y desde mi experiencia de padre —tengo dos hijos mayores—, puedo conducirle con capacidad desde mi propio control.

Miriam y yo nos transmitimos nuestros respectivos conocimientos con mucho respeto. Hablamos de todos los asuntos, pero en especial, últimamente, nos centramos siempre en temas de familia. Después de la comida o la cena, e incluso los sábados y domingos durante el desayuno, hablamos horas y horas.

Hoy es sábado y no tenemos prisa. Son las nueve y media de la mañana. A las ocho, me acerqué a una churrería y compré unas porras para desayunar y aquí estamos hablando de la destrucción del amor y sus terribles consecuencias. Miriam seguía encarrilada en sus razonamientos y en la necesidad de aprender.

—Los niños a los que se les exige amar, suelen por lo general odiar y distanciarse de los padres, ¿no?

—Efectivamente, esta fase se presenta en la pubertad y puede durar mucho tiempo. El joven necesita romper la tiranía y la farsa de los adultos en extremo exigentes, y los padres en su ceguera, porque tienes razón, Miriam, este tipo de padres son ciegos en su ignorancia... pues les culpan como únicos responsables. Repiten una y otra vez la cantidad de cosas y sacrificios que han tenido que hacer por ellos y les pagan como desde luego no se merecen, piensan ellos.

—¿No has oído nunca la frase: «Cría cuervos y te sacarán los ojos»?

—Sí, sí... ahí... esos son los padres que tienen miedo a ser rechazados o marginados por sus hijos. Que piensan que algún día sus propios hijos serán sus propios enemigos, porque no confían en que sus deseos se hagan realidad.

—Desde luego, es una equivocación creer que los hijos son nuestras cosas a las que podemos manipular y atar a nosotros. Así no me extraña que los chavales odien a sus padres y un día les dejen plantados para siempre.

—Sin embargo, el padre equilibrado que nunca exige respeto, amor, obediencia y ama y respeta a sus hijos, nunca sufrirá el desprecio de sus hijos, ni jamás verá a su familia, incómoda por su presencia.

El niño que se rige por sí mismo crecerá dueño de un verdadero amor por aquellos padres que entendieron su existencia desde el respeto más profundo como seres humanos compañeros de la vida y no falsos impostores inmersos en un papel de adultos superiores e intachables que lo saben todo.

—Hay por desgracia muchos «dioses con pies de barro». Padres detestables. No hay más que echar una miradita en las reuniones de padres y siempre hay algún listo o alguna lista que da la nota con su vanidosa presencia.

—Pues ya pueden despertar de su ceguera banal y clasista, porque lo único que hacen es perjudicar, pues con bastante certeza, el niño agresivo y violento es aquel que siente que el abismo es muy profundo entre él y sus padres, dioses del vacío.

Fíjate lo que dice A. S. Neill:

«Me repugna escribir lo que sigue, pero un visitante de Marte concluiría que en este planeta los niños son más odiados que amados. Tras ser testigo de los azotes que se le les endilgan, los regaños y los requerimientos de silencio, nuestro visitante pasaría a observar que se valoriza más el mobiliario que a los niños, y de todo ello sacaría por conclusión que los niños problema se convierten en tales a causa del odio paterno. Y sin lugar a dudas comprendería el porqué de esta situación.

Sé que es cansado seguir pulsando una sola cuerda, que la reiteración es tediosa tanto para el escritor como para el lector; sin embargo debo machacar sobre esta verdad, o sea que no podemos esperar niños normales y equilibrados si siguen siendo educados por adultos que en su infancia fueron dañados a la vez, por padres autoritarios.

La máxima tarea del educador o del padre es mantener desligada su propia personalidad en su comportamiento con los niños. Dado que en un grado u otro todos somos neuróticos, el mayor peligro reside en que se desencadene el odio por parte de los padres o profesores.

La envidia hacia la juventud es un hecho real. Los adultos, desilusionados y reprimidos, rechazan a la juventud porque sienten celos de ella. Forman legiones los padres conocidos míos que odian a sus hijos por motivos de celos. Son padres al estilo Peter Pan, que desean recibir de sus esposas un amor materno; por tanto, aborrecen al joven rival e incluso llegan a golpearle con crueldad.

Asimismo he conocido a muchas madres que odian a sus hijas por su lozanía y belleza ya perdidas en ellas para siempre; por lo general son madres sin ocupación alguna en la vida, que viven del pasado y sueñan despiertas en las conquistas logradas tiempo atrás en los bailes.

Hoy ya resulta una perogullada decir que lo que nos resulta odioso en los demás es lo que odiamos en nosotros mismos. Es incuestionable que el odio adquirido en nuestra infancia hacia nosotros mismos, lo proyectamos a nuestros hijos, a pesar de que abriguemos el deseo de darles todo nuestro amor.

El amor posesivo resulta dañino para el niño, y se da, por lo general, en el seno de la familia infeliz, en aquellos hogares en que la vida sexual de los padres es poco satisfactoria o inexistente. La esposa de un hombre impotente o el esposo de una mujer frígida se hallan en muy buen camino para proporcionar a sus hijos un amor en exceso posesivo, un amor paralizante. Algunas de las fijaciones maternas más acentuadas que he conocido provenían de familias en que el hombre era impotente.

En innumerables ocasiones el amor posesivo conduce al sadismo. El niño objeto de este tipo de amor odia tales vínculos, a la vez que los desea. El conflicto a veces se desencadena en actos de crueldad. El odio hacia la madre posesiva es reprimido, pero como toda emoción siempre tiene que encontrar algún escape, se patea al gato o se golpea a la hermana, lo cual es más facil que rebelarse contra la madre.

Existe el peligro de que una madre asaz posesiva, al leer este texto sienta remordimientos y exclame en su defensa: —No puedo evitarlo. No quiero arruinar a mi niño. Está muy bien el diagnóstico, pero, ¿cuál es el remedio?

Tiene toda la razón, pero, ¿cuál es el remedio?, o aún más: ¿existe algún remedio? La pregunta es exigente en demasía. ¿Qué remedio puede haber para una mujer cuya vida es en extremo insulsa y plena de temores para sí y para sus hijos?, ¿o para un hombre que piensa que su desvergonzado hijo es un arcángel?, y lo que es aún peor, ¿qué remedio cabe aconsejar cuando los padres ignoran lo que hacen y se indignan a la menor sugerencia de que están procediendo mal?

He llegado a la triste conclusión de que es poco lo que se puede hacer por la presente generación, y que a lo más que podemos aspirar es a un incremento del número de padres que comprendan, aunque sea vagamente, que la felicidad y prosperidad de sus niños dependen en gran parte del respaldo que ellos les suministren.»

—¿Qué te parece, Miriam?

—Triste, porque cada vez que descubro los mezquinos comportamientos humanos, más creo que somos incorregibles. ¡Es impresionante las innumerables formas de ser ingratas que surgen de la ignorancia!

—De la ignorancia y del egoísmo humano. No olvides que muchos padres saben como hay que comportarse, pero no obedecen a las consejos de la sabiduría, por cómodo egoísmo y pereza. Es más fácil presentarse como un dominador machote y prepotente, presumiendo de saberlo todo. Sólo con sentir sus cuerpos grandes y fuertes de adultos, los padres se creen inmensamente superiores a sus hijos; capaces de dominarlos por la fuerza bruta.

Y en vez de estar a favor de los hijos dándoles amor, quieren demostrarles, desde bien pequeños, que los que mandan en casa son ellos y en ese lugar hay que obedecer y callar. ¡Con lo bonito, creativo y sencillo que es amar sin tanto mandoneo!

—Es sencillo y tan simple, ¿verdad?

—Es sencillo para aquellos que creen en la bondad del amor y sus grandes gratificaciones. Para amar así, hay que estar libre de neurosis y frustraciones, o ser conscientes de la propia enfermedad mental, tratando por todos los medios de actuar asumiendo los errores, saber que podemos equivocarnos y siempre procurar curarnos por completo de la enfermedad mental que padecemos.

—Pero esto es muy difícil. Normalmente un padre neurótico no sabe que lo es. Se necesita verdadera voluntad y consciencia de su estado alterado. Y además saber que el camino que intuimos para nuestros hijos es el mejor para ellos y no para nosotros. Se necesita mucho conocimiento de uno mismo e interés profundo para cambiar.

—Sí, es cierto, es muy difícil, porque por regla general: *no hay ningún ser humano en su sano juicio.* Todos llevamos alguna que otra mancha degenerada. Debemos saberlo. Es necesario conocernos profundamente, cuanto más mejor, para conquistar esa simplicidad donde nuestra entrega no demanda nada a cambio. ¿Y sabes cómo podemos conocer que vamos por buen camino?

—Cuando obtenemos mucho de nuestros hijos, sin obligarles a dar nada a cambio.

—Así es. Todo en la vida funciona así, y ahora más que nunca, cuando la generosidad se la aniquila día a día. Los padres sensatos que aman de verdad, obtienen el ciento por uno sin pretender nada a cambio.

CAPÍTULO V

LA FATÍDICA AUTORIDAD INSENSIBLE Y OTRAS RAREZAS

«La familia constituye el compromiso social más firme de confianza, el pacto más resistente de protección y de apoyo mutuo, el acuerdo más singular de convivencia y de amor que existe entre un grupo de personas. Sin embargo, el hogar familiar es también un ambiente pródigo en contraste y contradicciones. Nos ofrece el refugio donde cobijarnos y socorrernos de las agresiones del mundo circundante y, simultáneamente, nos confronta con las más intensas y violentas pasiones humanas. La casa es el terreno de cultivo donde se desarrollan las relaciones más generosas, seguras y duraderas, y, al mismo tiempo, el escenario donde más vivamente se manifiestan las hostilidades, las rivalidades y los más amargos conflictos entre hombres y mujeres, y entre adultos y pequeños. La agresión sádica, repetida y prolongada, se produce sobre todo en situaciones de cautiverio. Sucede especialmente cuando la víctima es prisionera o incapaz de escapar de la tiranía de su verdugo y es subyugada por la fuerza física o por imposiciones económicas, legales sociales o sicológicas. Esta condición se da en las cárceles, en los campos de concentración, en ciertos cultos religiosos, en burdeles y, con mucha frecuencia, en la intimidad familiar. Al contrario de otras circunstancias explotadoras, las cadenas y los muros del hogar no se ven con claridad, son casi siempre invisibles, aunque no menos reales o insuperables.

De hecho los seres humanos tenemos más probabilidades de ser asaltados , maltratados o torturados —física y mentalmente— en nuestro propio hogar.»

LUIS ROJAS MARCOS

—¿No te parece que la mayoría de los seres humanos han perdido la fe hasta en sus propios hijos?

—No solamente en sus hijos, el materialismo nihilista destroza la fe en todos los sentidos, ni siquiera al ver la simiente de un enorme nogal se cree que esa semilla pueda albergar un árbol gigante. Muchos padres, cuando ven a sus hijos pequeños, no tienen la suficiente imaginación y fe para saber que su hijo o hija crecen físicamente y llegan hacerse tan grandes como el nogal. Si no pueden creer en eso, cómo van a creer que los niños crecen también por dentro: que son bondadosos y nobles. La falta de fe y la desconfianza invaden como una plaga nuestro mundo y los niños desconfian. Ellos detectan con su sabiduría natural que el amor de sus padres no puede ser muy profundo, porque de otra manera, confiarían más en ellos. Donde reina el miedo y el exceso de respeto a la autoridad paternal, maternal, al profesor... no puede desarrollarse el amor, todos estos ejemplos destruyen el amor.

—Este es un tema que me hizo reflexionar durante mucho tiempo. Yo desde niña vi de una forma grotesca la autoridad del maestro, de los policias... de toda esa gente que se cree superior a los demás por el hecho de tener un puesto de los que llaman importantes. Pero sobre todo, y hasta bien avanzada mi juventud, sentí resentimiento por don Fulanito o don Menganito... esa gente se distanciaba de los demás y no podía comprenderlo. Aquellos horribles profesores que explicaban las lecciones en la lejanía de los afectos me ponía enferma. Ya cuando fui mayor y descubrí la causa y el objetivo que tenía tal distanciamiento, comprendí las razones de tan nefasto comportamiento. No cabe duda que a través de la historia el ser humano ha tenido miedo de los demás y se ha inventado sus propias corazas, unas veces para protegerse y otras para imponerse... ¡Qué anormales hemos sido siempre!

—Desde luego. Y qué poco respeto y atención hemos dado al amor.

—Pero es que esas personas son monstruos que no pueden amar. Dime tú a mí qué amor tenía doña Margarita a sus alumnas cuando nos castigaba de rodillas y a menudo usaba la palmeta.

—Donde impera el miedo, la autoridad y la disciplina represora, no existe el amor. No existe verdadero amor donde no hay libertad. Cuando estuve en la «mili» aquello era denigrante, lo más importante para aquellos militares era el uniforme y la botas limpias. El cuerpo y la persona, eran como un bulto carente de significado. ¡Qué horror! Yo no sé si habrán cambiado en algo, pero allí a la más mínima surgía un loco con una pistola que se cargaba a alguien. Recuerdo que... después de hacer los tres meses de campamento, me enteré de que el cabo primero de mi compañía había matado a tiró a otro cabo que era tan grotesco como él. Donde impera el miedo y la patológica autoridad no pueden existir los afectos. En los matrimonios donde los hombres son como generales que imponen su disciplina dictatorial, tampoco puede existir el amor, y los hijos suelen ser víctimas de los atropellos bárbaros de la ignoracia y la maldad, porque es maldad lo que generan estas mentes atrofiadas. Cuando un niño no recibe amor, surge el odio que lo destroza todo. Los niños resentidos comiezan a romper lo que encuentran a su paso y se pelean para llamar la atención del odio que sienten por no ser mínimamente apreciados.

—A mí me hacen mucha gracia los sermones que echan los padres a sus hijos para que sean buenos, ¿qué te parece esto?

—Es semejante a aquella madrastra que no quiere a su hija, pero que necesita que ésta le sea obediente y buena: «Hija, tienes que ser buena y por ello tengo que azotarte todo los días. No me lo tomes a mal, querida, pues los expertos dicen que esto es lo más sano para conducirte por el camino recto. En el futuro te alegrarás, pues de esta manera no molestarás a nadie, ni provocarás ningún problema.» La niña escuchaba y aguantaba los palos hasta que pudo defenderse. Un día cuando fue mayor y se sintió con fuerzas, clavó un cuchillo en el corazón de aquella perversa madrastra y huyó lejos de aquel infierno. Así expresó su odio por cada golpe recibido. La violencia provoca actos violentos, y los sermones son como el polvo que se deposita en la superficie para hacerlos desaparecer con el viento huracanado de la ira y el odio desatado en el corazón herido.

—¡Qué imaginación tienes!

—Pero estoy en lo cierto, ¿no?

—Desde luego.

—O como aquellos padres que tenían dos hijos, uno era muy guapo y el otro francamente muy feo. ¿A quién creerás que querían más?

—Pues al guapo y más inteligente.

—Así es. El niño guaperas se llevaba todos los elogios mientras que el otro era maltratado con continuos fingimientos. Los niños crecieron siendo rivales y al niño feo se le creó un trauma para toda su vida. Gracias que sus cualidades y su voluntad le hicieron crecer en autoestima y vencer todas las anormalidades de sus progenitores. Cuando fue adulto destacó en puestos importantes, mientras que su hermano, tan guapo e inteligente, se contentó a la fuerza con ser un mediocre funcionario. Los padres, al ver que su patito feo se había convertido en un cisne hermoso, fueron conscientes de su error y empezaron a valorarle y amarle como nunca le habían amado; por puro interés. Su estúpida vanidad les hizo caer en el absurdo falso de un nuevo fingimiento.

—De este asunto si que se podría hablar bastante.

—Desde luego, porque, ¡cuántas familias hay que destrozan la vida de sus hijos con semejante actitud ingrata! La belleza y la inteligencia son muy apreciadas en estas sociedades cortadas por el patrón de las modas y el triunfo. Y si no hay conciencia de la nefasta influencia que producen los distintos medios de comunicación, los padres siguen como hipnotizados con su influencia y sugestiones. ¡Cuántos complejos y traumas se producen por culpa de esta nefasta mentalidad! Los padres casi siempre sienten preferencia por alguno de los hijos y machacan muchas veces de forma inconsciente a los pobrecillos que han tenido la suerte o la desgracia de nacer feos o aparentemente torpes.

—Esta discriminación la hemos sufrido las mujeres durante toda la vida. En estas sociedades machistas donde el varón tiene un valor de máxima relevancia, hemos sido marginadas como los pobres niños feos y debiluchos. Mira en China, las mujeres no valen un pepino, piensan que somos débiles en todos los sentidos. Pues...

—Tranquila, Miriam. Se están abriendo nuevas perspectivas y las mujeres por fin saldréis victoriosas, demostrando vuestro valor, humanidad e inteligencia. La fuerza bruta del hombre, algún día será doblegada por el poder de la ternura. No te quepa la menor duda. Las emociones dulces, nobles e inteligentes se abrirán camino para crear una nueva era, porque gracias a ella la civilización ha sido posible.

—¿Tú crees?

—Pues claro, este mundo creado por la aspereza del hombre tiene el tiempo contado, no puede resistirse ya por más tiempo; tanta violencia y barbarie protagonizada por el odio, no puede sostenerse. Las mujeres sois la esperanza, porque lleváis en vosotras sensibilidad y puro amor, que es la razón más poderosa del mundo.

—Bueno, no todas son tan bondadosas, porque hay cada bicho de mujer que supera a veinte horribles hombres.

—Pero la mayoría habéis evolucionado hacia el amor y la ternura. Vosotras sois capaces de crear la espiritualidad si no existiese, porque en vuestro interior hay mucha sensibilidad y emociones nobles. Tú eres especial, Miriam, porque tienes un corazón grande para amar —Miriam me miraba con un brillo especial en sus ojos. Mis palabras llegaron a su alma y tocaron ese punto quebradizo del corazón de la emoción, de donde brotan las lágrimas. Mi mano se fue deslizando por la superficie rugosa del mantel que cubría la mesa hasta alcanzar su mano. Sentí la suavidad de su piel y su calor. Apreté aquella delicadeza femenina, tratando de unir su carne con mi carne y sentir el pulso de sus emociones. Y en silencio busqué en ella seguridad a cuanto pensaba y sentía. Eran ciertos mis pensamientos, la realidad me daba fuerzas para creer en todo mi universo mental. Aquella mujer de carne y hueso, se expresaba con profundas emociones y... ¡eran tan gratificantes!

—Bueno, Alberto, dejemos a la mujer y sigamos con el tema que hemos escogido para hoy.

—¿Dónde nos quedamos?

—Los padres los prefieren guapos e inteligentes.

—¡Ya! Desde luego, cuánta falsedad hay. ¡Qué horror de padres son aquellos que muestran sus preferencias por un hijo y discriminan a los demás! Es patético cuando tratan de forzar sus sentimientos hacia los hijos no preferidos. Los niños notan la carencia de amor y se crea en ellos inestabilidad y resentimientos. Es semejante al racismo. Los efectos son los mismos. Un amigo mío sufrió mucho por culpa de sus padres. Cuando alcanzó la mayoría de edad no aguantó más y un día desapareció de su casa sin dejar rastro, pero con la amargura de haber nacido en un hogar superfluo y vacío. Para él, porque su hermana era la reina de los mares; la niña mimada... ¡Qué padres más necios, ignorantes y torturadores! ¡Ciegos! Estos son otro estilo de padres, que hacen de la inocencia un peligro en potencia.

—Pienso en Caín —Miriam me miraba pensativa.

—¿Por qué?

—Pues me hace pensar, fíjate.

—¿Pensar en qué?

—En las pasiones. De cómo desde el origen de los tiempos, los seres humanos se destruyen por celos, envidias... y mil historias de este tipo. Porque si lo analizamos detenidamente, Caín fue el que se llevó la peor parte en esta historia. Él mató a su hermano y engendró el odio, sufriendo la terrible tortura de esta emoción. Pero, ¿cuál fue la causa real de esta inquina? En el hogar se ha creado continuamente a Caín por las preferencias y los malos tratos. ¿Cuál fue el origen del odio a la vida? ¿Caín o la discriminación que ejercía aquel fenómeno en el que cree el Judaísmo desde el origen?

—¿Echas la culpa a Dios de todos los males de los hombres?

—No, ya sabes que todas las culpas son de Lucifer. Una bondad infinita es imposible que tenga culpa de nada.

—Buf, esto se sale de mis razonamientos. La Biblia es un libro misterioso y muy actual, donde los seres humanos desarrollan siempre las mismas historias de intrigas, traición, celos, envidia, odio, guerras... y toda ella está impregnada de una autoridad bondadosa, que habla a través de los hombres de justicia, amor y bondad. Yo no llego a comprender todo el misterio que encierra. Pero hay algo que me sorprende y es que, después de haber pasado tanto tiempo, seguimos generando historias idénticas a las de Caín, o las de José y sus hermanos. Todo se repite a diario; por este motivo respeto profundamente ese libro escrito desde la crudeza de la vida y la esperanza de alcanzar algún día un grado de evolución que nos haga superiores a las ratas. Caín y Lucifer creo que se han instalado en las clases altas, para esclavizar desde el odio, porque son ellos los que tienen las riquezas y el poder para mantener no solo la moral económica, sino también la esclavitud y la miserable sociedad donde se impone una odiosa moral de masas, que las castra, las hace temerosas, dogmáticas, plenas de odio y torturadoras de niños.

—Siempre echas la culpa de todos los males a las clases altas. Yo creo que el mal es sólo desconocimiento y malas costumbres por ignorancia, pero de todo el mundo.

—Más que ignoracia, es egoísmo. Ellos siempre han sabido bien lo que hacían, provocando la envidia y el odio. Si el mundo está así es por culpa del poder que ostentan los que dicen llamarse los más listos. Ellos son los que han desarrollado las bombas y tantas armas sofisticadas. Los más listos nos han llevado a la torpeza más violenta, destructiva y peligrosa. El mundo estalla de odio por todos los sitios y... tengo miedo... mucho miedo de que pase lo peor.

—Alberto, por favor...

—No te quito la razón, pero la responsabilidad de la salud mental de un pueblo la tienen aquellos que dicen educarlo. Los gobernantes, las iglesias... y los que se supone que por su nivel social y cultural dicen saber más que nadie, son los responsables desde siempre. Por este motivo se creen superiores. Ellos saben más que nadie, ¿no?

—Pero creerse superiores no indica ningún grado de evolución.

—Pues por eso mismo, por su mentalidad mezquina, son los que han sembrado la cizaña. Ellos son los que han tomado la iniciativa creando una sociedad incongruente desde cualquier punto de vista.

—Bueno, dejemos este tema porque sería interminable.

—Bueno, bueno... lo que tú quieras. Pero que sepas que es la autoridad la que siempre nos acojonó a todos.

—¡Alberto!

CAPÍTULO VI

EL AMOR ES UN COMPROMISO PERSONAL

En 1947, A. S. Neill escribía en Estados Unidos lo siguiente:

«La política no salvará a la humanidad. La inmensa mayoría de los periódicos políticos están erizados de odio, odio eterno. Muchos se hacen socialistas o comunistas por odio al rico, no por amor al pobre; hecho que resulta más aplicable a los intelectuales rojillos de clase media, que a los comunistas genuinos de la clase obrera, que por lo menos han salido de las fábricas y conocen de la pobreza y frustración.

En un futuro próximo cabe esperar un conflicto bélico entre Estados Unidos y Rusia. En un futuro más lejano, el enfrentamiento será entre los que odian la vida y la juventud y los que aman a ambas Así de simple será.

Los americanos se dejan llevar sin rumbo alguno, como temerosos de adquirir una actitud positiva hacia la vida, pues también han sido castrados por su moralidad. Su educación, como la nuestra, se ha caracterizado por ser en exceso cerebral y poco humana.

No he estado en Rusia, sólo son conjeturas lo que pueda decir; pero el hecho de que se haya abolido la educación mixta, que se restaurara la iglesia, y por las leyes decretadas respecto al matrimonio y a la sexualidad en la juventud, deduzco que el comunismo vigente no es la solución para la enfermedad que tiene abatida a la Humanidad.

¿A qué parte, pues, del mundo podemos volver los ojos en busca de esperanza? ¿A la nueva India, acaso? Pero también allí la vida se halla sometida por religiones fanáticas, y todas las religiones son contrarias a la vida, y ésta no es tal cuando está saturada de misticismo.

No puedo vislumbrar alivio alguno a la tensión y el odio en el hogar, si no va precedido de su atenuación en la sociedad. Es la moral intransigente del hogar la que constituye la sociedad. En el hogar se inicia la castración que exige la moral de la sociedad, ya que está saturado de conflictos emocionales, como son las fijaciones materna y paterna, celos, amores y odios. Los complejos de Edipo y Electra son demasiado reales.

No cabe pensar que podamos redimir el hogar psicoanalizando a todos los padres; todo lo que podemos hacer es educar a los jóvenes de manera que ellos sean conscientes de algunos de los peligros que hacen nocivo el hogar para la juventud. Cuando el padre y la madre mantienen una relación sincera con su familia, las fijaciones paterna o materna, ya sean positivas o negativas, no se presentarán en forma peligrosa. Por fijación entiendo algo artificial que reprime la vida. En los mejores hogares existirá el amor hacia los padres, pero el amor no es un complejo.

Los niños deben tener un cierto grado de agresividad para poder abrirse camino en la vida; si es exagerada, como se puede observar en los niños no libres, es una protesta manifiesta contra el odio que se les ha demostrado. En el niño que no se siente odiado por los adultos, la agresividad no es necesaria. Los niños agresivos pertenecen a aquellos hogares donde no existe ni amor ni comprensión. La agresividad del tipo que provoca peleas se debe simplemente al odio acumulado, y cuando los niños viven en una atmósfera en que esto se ha eliminado, aquélla pierde su virulencia.»

—En 1947, este sabio maestro hacía un análisis objetivo de la realidad. ¿Las cosas han cambiado ahora? ¿El odio ha disminuido? ¿Los padres son mejores amantes de sus hijos? ¿La violencia ha disminuido? ¿Las guerras han terminado? ¿Los hogares rebosan amor y equilibrio? ¿El capitalismo es más bueno? ¿Ya no existen clases sociales? ¿Las empresas no explotan y se ama más? ¿A los niños se les quiere más?

—Yo soy optimista. Creo que nos hemos superado algo... ¿no? Esto habría sido horroroso e imposible, si los seres humanos no hubiésemos desarrollado la capacidad de amar. La civilización no existiría si el odio se hubiera propagado en todos. Menos mal que la disposición de amar se ha desarrollado mucho más; de lo contrario habría sido imposible vivir. A veces soy pesimista y tengo miedo de que el amor no avance con más fuerza y seguridad, pero creo que los seres humanos, cada vez somos más conscientes del terrible descalabro que produce el odio.

—Soy de tu opinión, hay muchos ángeles en el mundo, y no nos damos cuenta de su existencia. Desde las madres y los padres que aman de verdad, hasta los vagabundos. Yo sé que hay mucha gente buena, de hecho a mí me sorprendió la manifestación contra la violencia de ETA (1997) cuando todo el mundo nos echamos a la calle por el asesinato de Miguel Ángel Blanco. Fue un magnífico ejemplo solidario de toda la gente que rechazamos el odio y la violencia. Pero... yo sufro terriblemente cuando abro un poco los ojos para ver el panorama de tantos seres humanos, cada vez más atemorizados en los trabajos. La vida diaria está formada de muy «mala hostia» y continuamente se tiende a la esclavitud. Se siente cada vez más el caciquismo y el látigo del que tiene el dinero con el que nos ganamos la vida. Siento que existen muchas personas buenas, pero también oigo la crítica destructiva, el odio por todos los sitios. Se odia en las empresas, en la familia, a los vecinos... olemos a azufre infernal y esto impide que las personas nos confiemos y entreguemos los unos a los otros. La gente cada vez es más desconfiada y veo continuamente las orejas y los colmillos afilados del lobo feroz de la deshumanización. También yo he llegado a la conclusión de que hemos avanzado, pero es muy frágil este progreso, porque no creemos en las relaciones fraternales. La incredulidad y la desconfianza nos impiden actuar libre y espontáneamente. En las familias está ocurriendo que los padres desconfian de ellos mismos, de esta forma se teme e incluso se odia y son incapaces de amar de verdad. Ignoran que cuando las personas se liberan de su temor y del odio empiezan a desarrollar simpatía, y un carácter comunicativo, amable, leal... surge de ellos como liberada de una prisión. Incluso en los matrimonios, los problemas sexuales se resuelven —al hablar de la sexualidad, así por las buenas, pensé que Miriam reaccionaría. En aquel momento me vino a la cabeza la importancia de la sexualidad y los problemas que provoca por una falta de conocimiento y del sentido que tiene en las relaciones de pareja. Y no pude evitar manifestarlo. Miriam me escuchaba sin ninguna variación en su estado de ánimo, y seguí razonando lo que sentía en aquellos momentos.

—Los problemas de relación causan profundas alteraciones y desequilibrios, y todas estas tensiones se transmiten a los hijos. Son simientes malignas que crea el entorno social y forman parte inseparable del carácter de las personas.

—Es irremediable, dada la diversidad de opiniones y formas de conducirse. La vida es inmensa y diversa, cualquier ser humano se puede perder por los caminos de la mediocridad y la confusión.

—Siempre fue así y casi todos andamos razonando los caminos, para andar sobre seguro; unos seguros para ganar, atesorar y vivir bien (la mayoría) y otros para entender la vida desde la sensibilidad y el amor. Hay muchas formas de ver la vida y de vivirla, pero lo que no aguanto es el conformismo ante situaciones de emergencia. Sobre todo aquella gente que tiene resuelta su vida y no sufren ni padecen por nada y se han ido olvidado de todo por vivir enfrascados en sí mismos y en sus placeres personales. Lo que se llama «felicidad doméstica» en estas sociedades del bienestar, me hace temblar y me enferma; porque si se nace a esta vida con un minimo de sensibilidad... se siente mucho dolor, por tantas desgracias como produce el egoísmo, el odio y la intolerancia. Es terrible y peligrosa para todo el mundo esta forma de vivir. Para el planeta entero... El confort nos inhibe a todos, nos paraliza, y lo peor de todo es que se duermen nuestras conciencias. Nos hacemos estúpidos-pasotas-perezosos, pensando siempre en un gozo enfermizo de vivir nuestra vida. ¡Sólo se vive una vez y hay que aprovecharlo dándole al cuerpo lo que pida! ¡Es inaguantable tanta comodidad! No hay derecho a que la deshumanización y la destrucción masiva de la naturaleza sigan adelante, mientras que sólo una minoría son sensibles y comprometidos, y actúan de una forma u otra para remediar tantos males. Y mientras, la mayoría se mantiene panza arriba tomando el sol, viviendo en su dormilera irresponsable... ¡No hay derecho, por favor! —cada vez que razonaba el sin sentido de estas sociedades del bienestar egoísta, me ponía en tensión. El nerviosismo me producía temblor en las piernas y las manos. No aguantaba ser tan desvalido e incapacitado, y no poder hacer nada para resolver ni el más mínimo problema. Me sentía impotente, inútil como la inmensa mayoría. ¡Qué obsesión y qué amargura!

—Alberto, por favor, que no se puede ser así. De esta forma te quitas la vida. No podemos echarnos sobre nuestras espaldas todos los males del mundo, bastante tenemos con estar atentos a nuestros problemas y resolverlos de la mejor forma posible. Yo considero que debemos ser sensibles y estar dispuestos a la acción, pero es terrible caer en la depresión por cuanto sucede en el mundo. Y tú tiendes a eso.

Miriam cada día me conocía más y mejor, y sabía de mi estado de ansiedad por mi incapacidad «para resolver los graves problemas de la humanidad». Cómo suena la frasecita, ¿verdad? *Para resolver los graves problemas de la humanidad.* En el fondo, ¿quién era yo para sentir así?, y sin embargo, dentro de mí había una gigantesca fuerza estancada y frustrada por no encontrar una salida. Mi cerebro era demasiado vulgar y carente de capacidades para canalizar tanta energía. Pensé muchas veces... No sé... biológicamente era tan poquita cosa, que me avergonzaba sentirme tan grande y poderoso por dentro. No sé qué extraño misterio o complejo se desarrollaba en mí. Había vivido media vida y hasta entonces no fui consciente de mi pequeñez, y de las poquitas cosas que podía hacer. Me sentía fuera de juego. Yo no sé por qué albergaba en la cabeza esas ideas. Quizás mi evolución personal era un Quijote que crecía y enloquecía. A veces me sentí fuerte para hacer frente a tanta incongruencia con mi mentalidad idealista. Hablando convencía a la gente. Mis razones eran poderosas. Me parecía estar haciendo una gran labor, influyendo en los demás para hacer el bien, pero con el tiempo me di cuenta del error. Bla, bla, bla... la palabrería sin acciones es como un campo de trigo sin grano. Lo mejor que podía hacer era callar. Silencio y acción. Actuar en la medida de mis posibilidades. Mi personalidad era un colador. ¡Observaba tantos defectos! En esos momentos lúcidos, cuando mi ceguera desaparecía y podía verme... Ciertamente era poca cosa, un simple humano influido desde la infancia por la herencia, la familia y la cultura de mi país (España) Nada importante, como pensaba que era. El pensamiento, la fantasía... o como quiera llamarse, muchas veces nos la juega. No podía diferenciarme del resto, porque como todos, era un simple ciudadano enanjenado, dependiente y necesitado. Mis continuas frustraciones me llevaron a ser práctico. A ver la realidad. Mi mente no podía andar vagando perdida en acciones imposibles. Comprendí que cada uno hace su propio camino, pero que al final son las circunstancias las que nos llevan a su destino. Mis ganas de hacer y mi sensibilidad tenía que emplearlas en mí mismo, en reformar continuamente mi vida para ser mejor. Ese objetivo tan cercano me llenaba, porque durante toda mi vida, no había comprendido algo tan sencillo y simple. No era egoísmo, sino una forma de empezar la gran empresa que en este espacio y tiempo o en otro lugar tendría que comenzar. Necesitaba otro cuerpo y otro cerebro con mayor capacidad, para dar salida a toda esa energía que pulsaba continuamente salir, pero lo más real era conformarme con lo que tenía y utilizarlo lo mejor posible. Esa fue la solución más agradable, que me ayudó a dar significado a mi vida. Cuando penetré en mí y vi cómo me encontraba por dentro, pude valorar y reconocer el trabajo tan enorme que me quedaba por hacer. ¡Cómo se encontraba mi cuarto interior, de sucio y desordenado! ¡Cuánto trabajo por hacer! Y en este estado de conciencia, encontré sentido a mi vida. Nadie hasta aquel momento me ayudó a sentir la vida de una forma tan razonable. Toda la educación que recibí desde niño, en gran parte, la consideré como una mentira engañosa. Era muy duro haber pasado media vida engañado, y al final, me engañaba a mí mismo. Mis resentimientos tenían un volumen terrible hacia toda la sociedad, construida desde la base del engaño interesado y la fantasía de la esperanza. Siempre estuve esperando, en vez de aceptar la vida como venía. Y todo porque ya desde niño crearon en mí una impenetrable coraza de fantasía vana. ¡Cuánta responsabilidad atosigante me echaron en mis espaldas de niño aquellos que vivían del cuento! Yo fui un niño, como millones de niños, traumatizado por los examenes; un método decadente que con el tiempo he visto que no sirve para nada. Sólo crispa a la gente y crea traumas para toda la vida. Traumatizado por el temor al futuro. Traumatizado por la exigencia de aprender con la idea de ser algo, para que la gente no me engañara, o de ganarme la vida para no morirme de hambre y vivir bien en una posición social confortable. Por todos los sitios abundaba el temor y me desbordaba. No me enseñaron a disfrutar de la vida; aprender a aprender. Me enseñaron a temerla. No vieron mi gran inquietud natural, la capacidad que tienen todos los niños por saber cómo son las cosas en realidad. La educación fueron ridículos exámenes que tenía que superar con una tensión de mil demonios, porque siempre me jugaba un suspenso. Y todavía existe aquel maldito sistema asfixian-

101

te. Ya desde muy pequeño vi la incongruencia del sistema que daba oportunidad a los más listos, mientras la inmensa mayoría éramos despreciados como inútiles. «Tú no sirves para estudiar», me dijo aquel maldito profesor. Y me dejó marcado para toda la vida. Lloré mucho porque sentí que no servía para nada según aquel imbécil. Mi buena voluntad se fue al garete. Cada vez que pienso en mi niñez, me veo como un niño noble y cariñoso, con voluntad y deseos de aprender, pero me encontré con zopencos que frustraron mis ansias de conocimiento. Como era hijo de un obrero, un don nadie, según la mentalidad horrible de clase, pues... pues nada. Recuerdo a mi padre que presumía de tener un hijo muy inteligente, pero mi sabiduría de niño me decía que ellos no opinaban lo mismo que él. Siempre veía en sus caras la envidia y el rechazo de considerar que yo era una lumbrera. «El hijo de fulanito sí que es inteligente, pero tu hijo, no sé, no sé...», y me provocaban la envidia. Me hacían envidioso, es curioso. Mi pobre padre necesitaba estímulos para su vida y sus hijos eran su máximo aliciente. Yo tenía que ser algo sobresaliente. Me animaba, me daba valor y también me infundía temor. ¡En qué mundo tan contradictorio había caído! Era como un enorme remolino de contradicciones donde las escuela, la iglesia y mi familia me zarandeaban continuamente e inculcaban lo que tenía que ser. El día a día era una lucha incesante contra la pereza por la falta de estímulos naturales. Tanto temor me producía un nerviosismo y una tensión que inhibían mis facultades mentales... Me acuerdo de la pereza como una desgana fatal y una falta de estímulos positivos. La pereza surgía en mí como una reacción contradictoria de mi propio cuerpo hacia toda aquella incongruencia normal del sistema. Pero de lo que más me acuerdo es de mi tristeza.

—¿Qué piensas, Alberto? —mis silencios eran muy largos. Pensaba para mis adentros y Miriam con sus preguntas me devolvía de nuevo el habla.

—Pienso en las malditas cuentas. Cuando era un niño, me ponían muy triste y nervioso. No las soportaba.

—A mí me pasaba lo mismo. Se me atragantaron.

—Yo tenía interés por aprenderlas, pero me bloqueaba continuamente. Las cuentas no me salían bien. Mi madre me ayudaba, pero aquellas malditas divisiones se me atragantaron también. Y tenía que aprenderlas sin más remedio, sobre todo para que la gente no me engañara. Esa idea la llevaba clavada como una estaca en mi mente. Las cuatro reglas las aplicaba cuando iba hacer la compra a mi madre, y desconfiaba del tendero o la tendera que me despachaban. Contaba el dinero con desconfianza y miraba el peso por si se quedaba escaso. Siempre pensando que me iban a engañar. El mundo en el que había nacido, desde luego, era temible en multitud de aspectos, y me creaba intranquilidad. Después, los problemas de matemáticas. Aquella era la asignatura reina, porque con ella se contabilizaba lo más importante del mundo y el sentido más profundo de la vida material: el dinero. Las matemáticas fueron un trauma para mí, hasta que pude ver, ya en la edad adulta, lo que significaban en realidad. Una asignatura tan apta para el desarrollo lógico, hicieron que la odiarse. Dios, ¡cuántas cosas te podría contar de la ignorancia de todos aquellos adultos que me influenciaron tan negativamente.

—Pero esto nos ha pasado a todos.

—¿Y lo ves natural?

— No, pero... ¡es la vida!

—Yo diría más bien, que... ¡es la mentalidad!

—Mejor. Estoy de acuerdo. La calidad de vida depende de la mentalidad de los seres humanos.

—Y el nivel de esa mentalidad depende de la educación. Si los padres, maestros y los gobernantes no tienen en cuenta que son ellos los que generan el malestar o el bienestar de un pueblo; si no existe en ellos una clara tendencia a la investigación y al amor, apaga y vámonos. No tengo ningún recuerdo bueno de los maestros y eso es muy significativo, porque ello quiere decir que iba a la escuela como a un matadero. ¡Qué horror le tenía a las escuelas! Era lo más feo y horroroso del mundo. Yo creo que a muy pocos niños les gustaba ir al colegio. Es ahora en nuestro tiempo y si les preguntas, muy pocos te dirán que les gusta. ¿Por qué esa repulsa tan evidente? Yo a los maestros y maestras, no los soportaba. Me sentía incomodo. ¿Y por qué? ¿Qué tipo de sugestión recibía de ellos para rechazarlos de plano? La palabra *director* la aprendí cuando empecé el bachiller en el instituto, y ya siempre la asocié a aquel horrible señor con gafas muy importante, que de vez en cuando nos visitaba en clase todo estirado y expulsaba a los que se portaban mal. No había lugar a dudas, las necesidades vitales de los niños se enfrentaron siempre con los elementos socio-culturales decadentes.

—Pero eso es normal. Un niño nacido en África tendrá que adaptarse a la forma de vivir del ambiente que le ha tocado. Es así y no hay más. Tú y yo, quizá, tuvimos más suerte que él. Todos hemos tenido que adaptarnos a las circunstancias y maneras de sentir, de pensar y de actuar de la sociedad de nuestro país. Tus resentimientos tienen fundamento, pero...

—Mujer, claro que tienen fundamento, porque soy consciente del daño que me hicieron. Yo podría haber sido otra persona.

—Y el africano también podría haber sido otra persona, pero... ¿Quién o qué cosa determina que vengamos al mundo en unas u otras circunstancias? ¿A un país o a otro? ¿A un tipo de familia o a otra...? Yo creo que es necesario aceptar, como tú has dicho hace un ratito... aceptar la vida como viene y tratar de mejorarla en la medida que podamos. ¿No, Alberto? —Miriam me iba conociendo cada vez más profundamente, y sabía ya el problemazo de hombre que era. Sus comentarios me servían de lección y sofocaban mi agresividad, cada vez que recordaba mi pasado. La verdad es que no podía quejarme, mis circunstancias personales habían sido muy favorables. Había nacido en un clima de amor muy gratificante. Gracias a la forma de ser de mis padres, me consideraba un gran convencido y defensor del *amor*, que sin duda salvaría al mundo de la depravación de la bestia agresiva que todos llevamos dentro.

—Quizá reaccioné así por un grado de ingenuidad grande e inconsciente. Muchas veces pienso que fui, hasta hace poco, un ingenuo niño que no creció lo suficiente para ver el mundo de los seres humanos tal como es. Creo haber despertado hace muy poco tiempo, y eso fue un choque terrible. Por ese motivo me manifiesto con reveldía, porque no soporto sus mentiras chabacanas y sus lecciones traumatizantes.

—Pero tienes que aceptar lo que hay, y con tu forma de ser cambiar lo que puedas.

—¡Es imposible! No puedo, y por ese inconformismo soy muy conflictivo. La normalidad insensible de estas sociedades comodonas me altera la sangre, no lo puedo evitar. No soporto que todos los niños entren por el aro desequilibrado de los adultos y tengan que adaptarse a esos ambientes prefabricados donde perderán su libertad, condicionando su mente y toda su vida para que no evolucione de una forma armónica y saludable. Estas sociedades en las que vivimos, tan clasistas, rígidas y cerradas, sólo se preocupan por conservar las tradiciones y mantener el *statu quo* sin ningún cambio. No interesa cambiar y todavía permanece en aquellos que rigen los destinos de nuestro pueblo un sistema esclavista y feudal que impera sin remedio. La marginación de esa multitud de niños provocará en ellos la misma rebeldía que yo poseo. Esta gente todavía no se ha dado cuenta de que crean monstruos resentidos, porque su finalidad es construir individuos pasivos, o individuos activos sólo en sectores técnicos o de evasión. Esta sociedad robotiza en la normalidad a los niños, para ser adultos mediocres. Con lo necesarias que son las personas capaces de asumir responsabilidades de transformación desde el cariño. ¡Pues no!

—Es muy difícil, Alberto. Yo te entiendo pero es que la presencia de fuerzas diversas y contrapuestas es algo que nos nos deja progresar. Tú piensas que el amor es el factor más importante que arregla todo, pero hay sectores de la sociedad que no creen en el amor como solución.

—¡Cómo van a creer en el amor si se pasan la vida en la indiferencia y odiando! Muy pocos creen en el amor. Ningún sector de la sociedad cree en esa emoción. Para casi todos es una palabra que resuena y dispara la imaginación para ver al que ha osado pronunciarla como un loco o algo parecido. Es una palabra que «rechina» y sin embargo todos demandamos buen trato y amabilidad. ¿Y eso qué es? ¿No son emociones nobles las que demandamos? ¿No es el amor la emoción más noble que brota en los seres humanos? La sociedad está dividida, porque está confundida en esa tendencia al peso inerte de la conservación de lo más mezquino.

—¿Qué quieres decir?

—Pues... que todos estamos rígidamente controlados por el peso inerte del dinero que ganamos. El director, el profesor, el empresario, el político... Parecería que todos estamos estructurados mentalmente para ganar dinero y lo que atenta a esas ganancias se paraliza y se quita del medio como un «estorbo idealista» a nuestras ansias de comodidades y de pasarlo bien.

—Siempre te inclinas hacia lo mismo.

—Siempre, Miriam, porque es lo más evidente. Porque se ignoran las necesidades de los niños y su enorme potencial emocional. No existe una organización de ámbito global que canalice a través de los estímulos la liberación de los niños. Yo creo que se desconoce incluso el profundo significado de esta palabra y su esencia misma. La gente de la educación está quemada. La deshumanización de unos contagia a los otros y los niños son los que pagan las consecuencias del desastre.

—Y en muchas familias, el niño recién nacido crea una situación problemática. Muy pocos padres tienen en cuenta que un recién nacido exige un nuevo equilibrio. Solo aquellos que lo aman se ilusionan y planifican sus vidas en función de la nueva criatura que los necesita, son los que crean el ambiente propicio. ¡Y qué necesarios son los padres y los profesores para el equilibrio y la evolución de nuestra civilización!

—Miriam pensaba y sentía como yo. A veces me corregía o se resistía a darme la razón, pero también era como un complemento y una continuación de la expresión de mis sentimientos.

CAPÍTULO VII

VICTIMAS DE LA IGNORANCIA Y LA VIOLENCIA ABSURDA

«Las poderosas ondas hercianas hacen que nos encontremos ante un escenario inimaginable hasta hace poco tiempo. Quienes lo deseen pueden reunirse en cualquier momento en la comodidad del hogar familiar y recibir la dosis diaria de sadismo y de agresión audiovisual a través del televisor, presenciar lo más violento que la vida puede ofrecer. Con regularidad, coincidiendo con un suceso espectacular brota la fiebre de la CNN que conmueve al mundo, trastoca las rutinas de la vida diaria, invade la familia y los lugares de trabajo. El teleobjetivo se convierte en un emocionante escenario donde se representa todo tipo de excesos y atrocidades, *reality shows* y series repletas de drama, de víctimas inocentes y de destrucción sin sentido. Las imágenes casi siempre son incompletas o simuladas pero, aun así, son lo suficientemente incisivas y convincentes como para sobrecoger a cualquiera.

Y es que los medios frecuentemente manipulan la realidad, ensombreciendo la frontera entre lo que es cierto y lo que no lo es. La verdad ha perdido relevancia y ha sido superada por la espectacularidad ante el público.

La televisión embota los sentidos, fomenta la decadencia, estimula el escapismo, infantiliza, narcotiza, nos hace narcisistas, pasivos, superficiales y violentos.

LUIS ROJAS MARCOS

En aquel momento un pájaro grande y negro se posó en la barandilla de la terraza. Parecía un cuervo. Su pico era anaranjado. Y me hizo recordar de nuevo el pasado.

—¿Sabes de lo que me acuerdo ahora?

—¿De qué te acuerdas?

—De los curas

—¿Y eso?

—Los curas con aquellas sotanas negras y con tantos botones, siempre hablando del pecado y del fuego eterno del infierno para aquellas almas que se portaban mal.

—¿El pájaro ese te ha hecho recordar...?

—¡Lo he visto tan negro!

112

—Ja, ja, ja. Tiene gracia —mi salida espontánea le hizo gracia a Miriam y se reía con ganas—. Desde luego fue un tiempo oscuro para la evolución. Pero yo creo que las cosas han cambiado y tendrán que cambiar más, porque representan una parte de la tradición que nada tiene que ver con el mensaje del maestro Jesús.

—Y que lo digas... Estábamos todos entre el cielo y el infierno, atravesados por mensajes de temor. Teníamos que ser buenos porque si no el diablo vendría a por nosotros. Las obras buenas era necesario hacerlas para ganarnos el cielo. No porque era necesario ser bueno, sino porque siempre estaba el infierno a la vuelta de la esquina como una amenaza. ¡Qué horror! ¡Cuántas mentiras tuvimos que aguantar los niños de aquella época! Pero lo más grave es que teníamos que hacer proselitismo de aquellas nefastas enseñanzas, para salvar almas del fuego eterno. Nos inculcaban una ideología destructiva. Nos preocupaban con la necesidad de salvar al mundo y por dentro nos hundían en el caos incomprensible del pecado original, el cielo, el infierno... Tan pequeños y ya nos hablaban de cosas imposibles de comprender de una forma lógica. ¡Un desastre! Así no me extraña del odio hacia una educación sin base para construir la alegría de vivir. Porque ahora en mi edad adulta considero que el conocimiento sana nuestra vida y nos hace cada vez más equilibrados, cuando podemos comprender las maravillas que nos rodean, pero sin miedo y sin tanto misticismo incomprensible. Pasé muchos años desperdigado pensando en arreglar los problemas del mundo y de los demás... y todavía siento así. Es loable sentir así, pero me encuentro impotente cuando veo que no puedo hacer nada, porque no tengo capacidad ni siquiera para resolver mis propios problemas, y vuelvo a pensar en todo lo que tengo que hacer conmigo mismo, para poder habilitarme desde el realismo práctico y hacer posible la paz y el amor dentro de mi núcleo personal, entendiendo que si yo estoy bien, mi familia estará bien. Pero si estoy alterado, ¿cómo va a sentirse mi familia y los que me rodean? Es lógico, ¿no? Desde luego se sentirán mal y se compadecerán de mi estado enfermizo. El ser humano se construye desde el valor y el amor y desde la infancia. Yo, como multitud de seres engañados, me conformo con vivir soportando mi complejidad y lo más importante es descubrir esa terrible confusión para prevenir la agresividad que me producen los innumerables desatinos cometidos por la mentalidad desequilibrada de los adultos que influyeron en mi infancia. Muchos ya han desaparecido, pero en mí quedan secuelas, y en la sombra los efectos de sus acciones.

—Tranquilízate, Alberto —Miriam me ayudaba a volver a mí mismo y a no desesperar, recordándome continuamente la manera de vivir en la no violencia y en el equilibrio personal. Por otra parte, consideraba que lo más importante era el control sobre mí mismo desde el conocimiento de mis reacciones.

—Soy muy conflictivo, Miriam, y muy consciente de ello para seguir creciendo. Tengo que resolver imnumerables problemas que afectan mi vida, aunque yo no sé si podré resolver nada, pues es tanta la complejidad que existe dentro de mí... Me conformo con sentir todas las mañanas la fuerza de la serenidad en mi interior. Porque cada día que pasa estoy sorprendido por algo que sucede en mi interior y me llena. No sé qué es, Miriam, pero me produce mucho sosiego, alegría y felicidad. Es una energía renovadora. A pesar de no creer en nada, me inunda y me da fuerzas para vivir. Porque en estos momentos de mi vida es difícil mantener el equilibrio.

—Tus circunstancias son así y las mías son de otra forma, y cada uno tenemos que saber llevar nuestras cargas. Ya sabes que lo peor de todo es perder el control y la paz; lo hemos hablado muchas veces. La vida no es fácil para nadie, cada cual tiene que cuidarse a sí mismo y estar abiertos a solidarizarse con los demás.

Es un disparate sentirse frustrado por no poder hacer algo directo para erradicar las guerras del planeta entero. El odio y las guerras desaparecerían cuando todo el mundo comprendiera lo que nosotros hemos comprendido. Yo también fui víctima como tú de la educación y de tantas otras cosas. En mi casa, como éramos tantos, también había mucha ignorancia. Mi padre y mi madre, lo hacían lo mejor que podían dentro de sus posibilidades.

—Ya lo sé Miriam. Mis padres también hicieron grandes esfuerzos por darnos lo mejor. Sobre todo lo que más recuerdo es el amor que recibimos, mis hermanos y yo. Aquellas veces que mi padre me pegó con el cinturón quedaron compensadas, porque en él vi mucho arrepentimiento, entrega y amor. Mi madre fue siempre un modelo de sacrificio para sus hijos. No puedo quejarme. Sé que soy un privilegiado respecto a otros que sufrieron más que yo. La educación que yo he vivido la recibimos toda nuestra generación y se fue extendiendo a lo largo de los años. Yo no sé ahora si los chavales arrastran tanta complejidad. Mis hijos creo que son más libres que yo, aunque eso es muy difícil de saber. No sé, por lo menos creo que no dan tanta importancia a sus temas personales, o es que no alcanzan a conocerse en profundidad.

—Las generaciones de ahora son distintas desde luego. Yo creo que con tanta información están más preparados...

—El bombardeo informativo y las malas noticias siembran más temor y muchos se hacen pasotas, se evaden de todo aquello que les haga sufrir. Esto es algo que se puede comprobar día a día. La violencia desatada en el mundo, la estamos recibiendo todos los días como terribles impactos, y eso no puede ser bueno. Además, mira lo que dice James B. Twitchell:

«La televisión es el primer medio de comunicaciones de masas verdaderamente democrático. Es el primer medio accesible a todo el mundo y gobernado por lo que quiere el pueblo. Lo más aterrador es lo que quiere el pueblo.» (*La violencia absurda*, 1989.)

—No me refiero únicamente a la televisión, sino a todos los medios que tenemos a nuestro alcance. Todo no es violento, la televisión también nos sirve información diversa. Nos enteramos de cosas inimaginable en otros tiempos.

—Es un medio maravilloso, pero desaprovechado. Los medios de comunicación son empresas que necesitan del comercio, y concretamente las televisiones dependen de los niveles de audiencia; por este motivo no son libres y sanas, porque, normalmente, lo que demanda la mayoría es la vulgaridad, la violencia, el sexo, el cotilleo, el fútbol evasivo y de masas... Me horroriza ver la cantidad de películas existentes sobre psicópatas. Todo porque estos personajes venden. Con estas películas se atrapa muy fácilmente la atención de grandes y pequeños y se obtienen niveles de audiencia considerables. Hay algo dentro de todos nosotros que se siente atraído por lo macabro, y si los guionistas lo aderezan bien con sus técnicas, nos llevan hacia donde ellos quieren. *Nos atrapan* si no conocemos, mínimamente, lo que hay detrás de la producción cinematográfica y televisiva. En la antigüedad pasaba lo mismo. Los antiguos romanos buscaban experiencias que llenaran el vacío de sus vidas. Los seres humanos siempre se han sentido vacíos y para mantener despiertas las sensaciones acudían diariamente al coliseo, donde se practicaba la tortura humana, de un salvajismo y una crueldad terribles. Así se divertían y mantenían sus sentidos excitados. Ahora pasa lo mismo, la masa aborregada se aburre en su vacío existencial y terrible materialismo, y los medios de comunicación en un 85 % sirven multitud de programas a la carta, con diversidad de temas que sacian la atención por su frivolidad, morbo, o vete tú a saber qué historias de otra índole pueden atraer.

—Alberto, los medios de comunicación son así, pero como mínimo ese 15 % de información constructiva es lo que más importa. Yo creo que hay una cantidad de gente, y multitud de jóvenes, que rechaza de plano ese 85 % de programación de entretenimiento banal.

—No lo sé, lo dudo. Yo no creo en los medios de comunicación que enseñan a robar, a matar... exhibiendo y trivializando el odio y la violencia de forma continua y a todas horas del día. Preferiría que se silenciaran para siempre, porque son un ruido insoportable para los que comprendemos que la vida hay que vivirla de una forma más sana y saludable. Los niños y los jóvenes asimilan todo lo que ven y no es bueno sembrar tantas semillas destructivas en sus mentes. Me niego en redondo a contemplar cómo se aniquila la posibilidad de que los seres humanos conozcan otros medios capaces de hacerlos evolucionar en otras dimensiones personales. Yo no puedo entender cómo la basura vende tanto. No puedo entender como la mente de un niño pueda ser hipnotizada con programas de ordenador de «Rambos» y horrorosas películas del mismo tipo. Y sus padres, ¿qué mentalidad tienen para sacrificarlos de esa manera? Porque es un crimen servir al niño la violencia gratuita. Y después la sociedad se sorprende cuando surgen en los colegios o en las familias niños asesinos.¡Es terrible! ¿No te das cuenta, Miriam?

—Bueno, vale... si yo también estoy de acuerdo contigo.

Miriam no se alteraba por nada. Yo me sentía indignado, es cierto, no podía aguantar tanto atentado a la inocencia y me recomía por dentro mi inconformismo. Ciertamente era muy raro, muchas veces dudé si estaba bien de la cabeza, por rechazar de plano todo aquello que dañaba a la juventud y a la infancia. ¿Por qué hay tantas trampas por todos sitios? ¿Tantos ganchos que se incrustan en nuestras vidas para impedirnos evolucionar? Y los seres humanos sin escrúpulos sirven la violencia absurda, para amasar fortunas. Realmente yo estaba mal de la cabeza, pero ellos, los que se consideraban sanos dirigiendo y produciendo estas barbaridades, indudablemente eran los más peligrosos.

—Miriam, perdóname.

—¿Por qué?

—Por mi forma de ser inflexible. En los últimos años he perdido mucha ilusión y alegría de vivir.

—¡Alberto, no digas eso! Yo pensaba que eras feliz.

—La felicidad es relativa, Miriam. Estoy contento de estar a tu lado. Te quiero, y eso hace que me encuentre enormemente satisfecho, pero mis frustraciones pesan mucho.

—Y las mías, y las de todo el mundo. Es así Alberto. No eres el único que está incómodo en este mundo. Siempre fuimos por naturaleza violentos, pero hay algo dentro de nosotros muy pacífico y bondadoso, que, desde muy antiguo, se manifiesta para cambiarlo todo. Yo no sé si es una inquietud muy humana o forma parte de ese misterio insondable que lo envuelve todo. No lo sé, pero creo que esa otra posibilidad de paz y armonía, se impondrá con el tiempo.

—Desde luego, es muy importante, porque lo normal en los seres humanos es violento y destructivo, y gracias a esos pocos hombres y mujeres visionarios e idealistas que existieron en todos los tiempos, el mundo ha llegado a ser algo más que un lugar inhóspito.

—Yo pienso igual que tú. El peso de la barbarie y sus efectos lo llevamos acumulado en nuestras vidas, pero no debemos dejar que nos aplaste. ¿Sabes qué actitud nos ayuda a seguir adelante? ¿Lo sabes?

—Lo sé, pero me pierdo en un exceso de impotencia y negativismo horrible.

—Debemos sentir alegría y llenarnos de entusiasmo cuando nos encontramos con personas que llevan la luz y la fuerza del amor en su interior. Pueden ser niños, niñas, adultos, ancianos, árboles, perros, pájaros... la naturaleza entera, en paz y en equilibrio, nos muestra su rostro pacífico a pesar de ser tan violenta. Ese mínimo de la televisión y el cine que nos da la posibilidad de pensar y ver el rostro amable del mundo. Nos tenemos que conformar todavía con poco para seguir expandiendo el buen espíritu humano por todo el mundo, porque profundamente, *la vida es bella.*

—Está claro que no podemos decaer.

Las palabras de Miriam llevaban una carga de fortaleza emocional y razón sorprendente. Me animaron a seguir creyendo en ese minimo de esperanza. En nuestro mundo todo estaba mezclado, y claramente entre tanto color grisáceo se podían ver aquí y allá los colores de la luz de la esperanza.

CAPÍTULO VIII

EL TEMOR, EL ODIO, EL AMOR... SE HACEN REALIDAD CUANDO LOS CONVERTIMOS EN ACCIÓN

Con la edad se destruyen muchos *temores,* sobre todo aquellos que surgen de la debilidad. Cuando el cuerpo crece se hace fuerte, puede vencer a los matones que interfirieron en la vida de los niños, pero por dentro las huellas de la violencia quedarán para siempre.

—El *temor...*

Miriam me miraba pensativa, como si estuviera descubriendo algo muy importante en aquella palabra. Su silencio y su reflexión me inducían a pensar en la intuición femenina. Las mujeres entienden, desde la sensibilidad, más alla de los limitados y obsesivos análisis, que el mundo es una profunda experiencia.

De la mujer, los hombres tenemos que aprender mucho, pues en ellas se encuentra, a flor de piel, la bondad de los sentimientos, y me atrevería a pensar, que también la salvación de este mundo macabro, construido por la insensibilidad ruda, odiosa y esquizofrénica del hombre. La mujeres saben mucho del temor, cuando a lo largo de la historia han sido continuamente masacradas, víctimas inocentes del hombre, su verdugo. Ella fue siempre la presa del hombre violador debido a sus diferencias anatómicas. ¡Cuánto sufrimiento y temor han pasado las mujeres a causa de la violencia y el sadismo del hombre!

—¡Miriam! ¿Qué piensas? —le di un golpecito en el hombro para despertarla de su ensimismamiento.

—¡Ah, sí!, perdona. Estaba pensando en cómo nos limita el temor. Esta emoción frustra y nos hace fracasar.

—Las frustraciones de los padres son un peligro muy grande para los niños. El padre o la madre se identifican inconscientemente con su hijo o hija y quieren por todos los medios hacer que los niños sean aquello que ellos no pudieron ser. Pero lo más peligroso es el temor al futuro. Esto sucede sobre todo en estas sociedades elitistas de triunfadores. Desde pequeños nos metieron en la cabeza la idea absurda de las carreras. En tiempos pasados es verdad que las personas que tenían estudios conseguían instalarse bien en la sociedad y ganar dinero. Era un medio para no pasar necesidades. Las elites siempre vivieron la buena vida mientras que todos los demás tenían que conformarse con pasar la vida en medio de la miseria. Es normal que todos aspiraran a algo mejor, pero lo peor fue el temor al futuro por la inseguridad económica. Este temor se formó con nuestro sistema social, con sus esnobismos y empleos de cuello duro, que hizo que los pobres obreros anhelaran, de forma angustiosa, que sus hijos no pasaran privaciones ni embrutecimientos. El sufrimiento que a ellos les tocó, no querían que lo sufrieran sus hijos e infundieron temor que con el tiempo se transformaría, ya en la edad adulta, en angustia e inseguridad, y una forma neurótica y violenta de encarar la vida. Fue, y todavía es, como una obsesión el mandar a los hijos a la universidad para convertirlos en damas y caballeros.

—Hombre, yo creo que la intención de todos los padres no era ésa. Lo normal es que quisieran para sus hijos el desarrollo de sus capacidades y que, como añadidura, su vida cambiara, ¿no?

—Eso es lo normal, pero ya sabes que el obrero siempre tuvo bastante envidia a las clases privilegiadas. La sociedad del bienestar, la buena vida, el lujo, el refinamiento... la construyó la burguesía, entre otras clases privilegiadas; todos los demás, los estratos más bajos, trataron siempre de escalar esa vanidosa montaña. Muchos padres sólo querían que sus hijos pudieran escalar puestos importantes, sobre todo para salir de la miseria y de los agobios, pero en el fondo la mayoría cayó en la vanidad del refinamiento estúpido y el nivel social. Muy pocos se preocuparon de pensar que lo más importante, además de las ganancias y la categoría, lo más importante era y es el desarrollo armónico de la persona humana y su equilibrio. Porque, ¿de qué sirven los conocimientos si esas personas en la edad adulta son neuróticos y desequilibrados ciudadanos? La sociedad es así por culpa de la ignorancia y, sobre todo, porque es muy cómodo estabilizarse en un determinado nivel y fantasear vanidosamente con ser superior a los demás.

—¡Qué absurdo!

—Desde luego, porque el hecho de que una sociedad juzgue a las personas más que nada por su acento refinado, es signo de inmadurez y mucha ignorancia. Esta superioridad es la enfermedad de aquellos que se mantienen constantemente en su estado histórico y macabro de elite. Son residuos clasistas-racistas difíciles de borrar de los cerebros, y se heredan como «la fantasmada de la sangre azul». Pero lo más triste es que la ambición y la ignorancia de los padres siembra semillas de violencia en los hijos, no solucionando los problemas de formación de éstos y favoreciendo por contra la desgracia y la infelicidad. No es el amor lo que mueve a estos padres, sino la envidia y el interés por escalar esas altas cimas producidas por sus fantasías y frustraciones, que ellos albergan en sus vidas por no haber tenido la oportunidad o la capacidad de poder llegar, según sus aspiraciones enfermizas, a una situación de rango y privilegio. Muchos son los que han deseado «la fantasmada de sangre azul» como un privilegio. Este es más bien un problema social, y mientras se mantenga esta sociedad clasista, seguirá habiendo padres que ambicionen que sus hijos se eleven socialmente a la máxima pedantería, con el consiguiente perjuicio que se les ocasiona a los niños. Insisto, no hay amor en estas intenciones, sino destrucción del amor para convertirse en enfermedad mental provocada por la envidia y el odio. No hay reconciliación entre las clases sociales, sino discriminación; un racismo soterrado difícil de erradicar y con unos tintes claros de violencia juvenil, como consecuencia de una construcción nefasta de la sociedad desde sus orígenes en el seno familiar y escolar.

—Entonces, estas sociedades que cultivan la violencia, ¿las podemos entender desde una perspectiva histórica de tradiciones y costumbres que justifican la agresividad en la convivencia diaria?

—Es un hecho que los seres humanos heredamos factores genéticos que influyen en nuestro carácter. Nuestros comportamientos vienen condicionados desde muy lejos en el tiempo. Cada generación heredó las virtudes y los defectos de las anteriores. Los complejos comportamientos humanos, como la crueldad, el sadismo, la compasión o el altruismo, son el producto de un largo proceso evolutivo, condicionado por las normas sociales y valores religiosos.

—¿Qué pasa cuando no se cree en los valores?

—¿Tú que crees?

—Pues qué voy a creer, que corremos peligro de destrucción y muerte. Cuando el ser humano no cree en nada, lo normal es que salga a flote nuestra verdadera identidad bestial, y la mente se infecta de bajas pasiones e idealismos macabros. ¿Eso quiere decir que todos adoptamos una forma falsa de ser? ¿Que nuestra verdadera identidad es de origen vanidoso, violento y destructivo?¿Que somos todos unos hipócritas, que no tenemos más remedio que someternos a las buenas formas porque irremediablemente somos dañinos?

—Cuando dejamos de creer, dejamos de ser y de vivir de una determinada forma. Un pueblo que cree en la convivencia pacífica y su actitud diaria es la acción pacífica, se construye en esa seguridad. En cambio, esas naciones que parecen normales y equilibradas y de pronto se muestran racistas, dejándose llevar de la noche a la mañana por el odio; ejecutando planes de limpieza étnica sin ninguna limitación... ¿Qué es eso? ¿Por qué suceden estas cosas? Algo marchaba mal por dentro y los verdaderos convencimientos salieron a flote. Porque las realidades vividas tienen fuerza y destruyen cuando se nutren de odio, ideas violentas y fanáticas. Como si desenterraran lo que de verdad llevan dentro, que nada tiene que ver con el amor, el orden y la armonía.

—Se nutren de ideas violentas... —Miriam dejaba de hablar y adoptaba una actitud reflexiva—. ¿Eso quiere decir que los seres humanos somos de naturaleza violenta y mala, que nutrimos a ese algo endemoniado que llevamos dentro? ¿Necesitamos aprender a comportarnos de otra forma para esconder nuestra verdadera identidad? —Miriam volvía de nuevo sobre la misma pregunta—. Entonces, ¿nuestros hijos, en cualquier momento, aun habiéndoles enseñado en el amor y el respeto, pueden algún día desenterrar su bestia homicida?

—Los niños agresivos maltratados en el hogar son violentos. Porque lo primero que aprendieron fue a temer y a estar alerta y ser agresivos, como instinto de conservación. Si aprenden a amar, será como algo añadido, y posiblemen-

129

te volverán de nuevo a ser dañinos si no se ha transformado profundamente su forma de ser buena y activa. Pero esta afirmación no es cierta en todos los individuos. La realidad es diversa y sorprendente, como en los niños que son amados, ellos viven y se desarrollan en esa armonía, pero también crean capacidades de defensa y supervivencia. Esto es lo normal. Ante las agresiones y las injusticias necesariamente requieren un carácter para defenderse. ¿Que sería de ellos si no tuvieran la capacidad de defenderse? Por tanto, yo creo que nos nutrimos desde la infancia de ideas y sentimientos, que nos hacen ser de una forma o de otra: vibrando con la armonía de nuestras emociones nobles, o por el contrario ladrando como perros enfurecidos dispuestos a morder con saña, en el lado oscuro. Es cierto que las conductas aberrantes, sádicas... florecen cuando los valores se desmoronan, pero no en todos los seres humanos. Está comprobado que el hombre o la mujer nacidos y convencidos de su tarea noble y buena, nunca se envilecen.

—Pero... cuando los seres humanos dejamos de creer en el amor, ya no podemos amar.

—El amor no es una creencia, ni un pensamiento, es una forma emocional de ser y de vivir profunda. Asimismo el odio, es otra forma de ser y de vivir profunda. La mente de los seres humanos se rige por la cultura y ésta es un foma práctica de vivir. Las creencias y los ritos, los sistemas políticos son sólo ideas, información que podemos adoptar como una forma de vivir, y nos capacitan para ponemos en acción, ayudándonos a existir, a convivir y a pensar para dar soluciones a los problemas. El amor, la bondad, la paciencia, la justicia, la obediencia, la prudencia, la humildad, la comprensión... son sólo palabras, si no las asumimos en nuestro interior, le damos vida emotiva y las llevamos a la acción. Por esto dudo de que todos los seres influidos por la violencia en la infancia al final se conviertan en unos delincuentes. Eso no es verdad, conozco a muchas personas buenas que sufrieron el dolor de la violencia y sin embargo los malos tratos acentuaron su carácter bondadoso. Hay muchas cenicientas y cenicientos con grandes valores humanos por haber sufrido mucho en la vida. Estas personas asumieron, quizá como rebeldía hacia la violencia, un carácter bueno y bondadoso.

—Pero esa acción se produce primeramente en el convencimiento de que tenemos que asumir esa forma de ser.

—Efectivamente, por ese motivo, cuando un pueblo deja de poner en acción sus ideas, es que no cree en ellas; así desintegra su forma de vivir. Olvidando se acaba la acción del interior. Si un pueblo no cree en el amor, no ama con verdadero convencimiento, crea un ser humano insípido, tendente a la antipatía y falto de generosidad (lo que ocurre habitualmente en nuestra sociedad produciendo profundo desencanto). Si en el hogar se ha dejado de practicar el amor desde el profundo convencimiento, pasa lo mismo: surgen la indiferencia, el hastío y la rutina. El sustrato bioquímico que activa el cerebro se inhibe y por tanto la capacidad de amar desaparece.

—Yo dudo que desaparezca esa capacidad.

—Pues no lo dudes. Muchos seres humanos inhiben esa capacidad hasta hacerla desaparecer, empezando por no creer en el amor y pasando a la fase destructiva, dudando de su existencia. Para después creer en el odio, ejercitado a la perfección, y aborrecer a todo bicho viviente.

CAPÍTULO IX

LA ARMADURA
DE LA INSENSIBILIDAD

—Alberto, ¿no crees que deberíamos ver las cosas desde un punto de vista más positivo?

—Lo intento, pero siempre me sale esa vena de dramatismo que no puedo remediar. Sé que mi forma de ver las cosas es limitada, en el extenso y diverso mundo que vivimos. Tengo que controlar esta tendencia y ampliar mis conocimientos, para no dejame llevar solamente por las influencias negativas. Es necesario saber que existen paraísos construidos por seres bondadosos que, éstos habitan en nuestro mundo y que gracias a ellos la paz y el equilibrio es posible. La violencia y la degeneración nos influye muy rápidamente y se nos disparan las emociones, quebrando fácilmente nuestros estados anímicos. Porque no hemos sido creados para vivir infiernos traumatizantes. Más bien hemos venido al mundo para crecer y desarrollarnos, como ocurre con el resto de la naturaleza. Una paliza es como truncar un tierno árbol y nos pone rápidamente en estado de alerta, nos causa una fuerte impresión y deseamos contar o escribir la triste experiencia. Nos deja una huella que necesitamos desahogar; sin embargo, todos los actos de amor, equilibrio y seguridad que recibimos día a día, pasan inadvertidos porque formar parte de la normalidad del equilibrio, y este se desarrolla en silencio y apenas si se nota. Pasa lo mismo con el sol y los paneta de nuestro sistema; mientras el sistema solar gire y no se altere, nada se inmutará, pero si en algún momento se produce alguna alteración, nos afectaría angustiosamente y se oirían dicha alteración en todo el universo. Entonces si que podemos hablar de un fenómeno, pero... ¿acaso no es otro fenómeno el equilibrio universal? Los hechos negativos y destructivos producen profundas impresiones. Miriam, te has parado a pensar en la semejanza que existe entre el universo y nuestro interior?

—Pues no.

—¿Podrías imaginarte que el cosmos es una parte muy importante del cerebro de un ser y que ese ser puede tener nuestra propia imagen que convive con millones de seres en el que habitan, en un mundo paralelo con su firmamento y cosmos como el nuestro y que a la vez todo ello forma parte de otro ser y así sucesivamente hasta el infinito?

—Es demasiado fantástico, ¿no?

—Sí, desde luego. Pero figúrate que dentro de nosotros existe ese universo y ese cosmos y que dentro de él habitan otros seres que en ellos mismos desarrollan un mismo proceso hasta el infinito. ¿Qué pensarías?

—Lo mismo, que es imposible, *una fantasía.*

—Y sin embargo, mirando tu rostro veo esa fantasía, el milagro de la vida. Si el milagro de la vida ha sido posible en ti, en mí y en toda la creación, todo puede existir. Mis palabras suenan a romanticismo, ¿verdad? Y el romanticismo es como la fantasía que te he expuesto, ¿verdad? Y nuestro cerebro es algo misterioso y fantástico, que existe y funciona con total amonía, si nada interrumpe su proceso de equilibrio. Fantástico, ¿verdad? Sólo hay que quedarse en quietud un instante para sentirnos plenamente, y alargando ese instante durante toda la vida, nos hacemos conscientes mínimamente de que existimos y que dentro de nosotros se desarrollan innumerables fuerzas materiales y energéticas que hacen posible el milagro de nuestra vida. Pero aun así, sintiéndonos, no sabemos nada de nosotros mismos, ni de todo aquello que nos hace funcionar. ¡Fantástico!, ¿verdad? Observa esta fotografía de Einstein. ¿Qué ves?

—Equilibrio, inteligencia, sabiduría, sentido del humor, mucha humanidad, bondad...

—Ves todo un universo en ese rostro equilibrado. Ahora mira esta fotografía de Hitler. ¿Qué ves?

—Egoísmo, agresividad, ira, odio, desequilibrio, caos... maldad.

—Si esos dos cerebros los ponemos en una bandeja quizá no veamos a simple vista mucha diferencia, y sin embargo sus contenidos mentales influyeron en el mundo, Einstein de una forma equilibrada y Hitler creando el mismísimo infierno. Y fueron dos niños. Cada cual traía, no sabemos de dónde, distintas semillas mezcladas; uno sirvió a la humanidad como antorcha para desentrañar los misterios, y el otro utilizó esos conocimientos para crear oscuridad, desequilibrio y retroceso en la imparable marcha hacia la luz del conocimiento. Dos niños que fueron moldeados por distintas circunstancias y que hicieron vibrar al mundo de distinto modo con sus mentalidades. El universo interior de uno y otro eran bien distintos y producían en los demás universos personales distintas reacciones. El universo equilibrado del ángel y el caos de la bestia...

—¿A qué conclusión quieres llegar?

—A la importancia que tienen los niños desde que nacen, para conseguir que *la fantasía ideal del equilibrio y el amor* se haga realidad. Porque tan real puede ser la teoría de los universos como un mundo dispuesto a ser mayoría universal de personas buenas con profundas intenciones y conocimiento de los sentimientos bondadosos, donde es posible el desarrollo de la vida. Ya sabemos mucho de sufrimientos y destrucción por culpa de los niños maltratados en su infancia: por sus padres, por la sociedad y todas las ingratitudes de la vida. Los niños se hacen adultos y algunos se transforman en adultas bestias destructivas, y muchos influyeron y están influyendo en el propósito enfermizo de la destrucción del mundo. Ya sabemos bastante de las consecuencias de la transformación —en monstruos deshumanizados—, por la inocencia apaleada. Por este motivo, todos los padres del mundo debemos compensar, desde el conocimiento del amor y en este nuevo milenio que se abre, a todos los que sufrieron y sufren los atropellos bárbaros de la inconsciencia brutal...

—Hola, buenos días —a nuestra espalda sonó una melodiosa vocecita infantil. Luisito, que por fin se había despertado. Las diez de la mañana, para un niño, era demasiado tarde, pero en él estaba justificado, porque había pasado una mala noche por culpa de la fiebre y las anginas.

—¿Qué tal estás, hijo?

—Mejor, pero estoy un poco mareado.

—¿Es posible que todavía tengas fiebre? Ven que voy a ponerte el termómetro —Luisito fue hacia su madre y se sentó en sus rodillas. El niño había cumplido cuatro años. Me miraba en silencio, pensativo.

—¿Qué piensas, Luisito?

—Nada.

—¿Seguro?

—Bueno, pensaba en eso negro que tienes en la ceja.

—¡Ah! Esto es un lunar. Lo tengo hace ya mucho tiempo. Ni me acuerdo cómo apareció —me encantaba su espontaneidad.

—¿Y a mí también puede salirme un lunar como el tuyo en la ceja?

—No, hijo. Tú tienes lunares en otros sitios. Te podrán salir en otros lugares de tu cuerpo, pero exactamente ahí, sería mucha casualidad. ¿Verdad, Alberto? —dijo Miriam cariñosamente.

—Claro. Sería mucha casualidad —había pasado suficiente tiempo para que el termómetro digital se pusiera a emitir sus pitidos de aviso.

—Veamos qué temperatura tienes. Treinta y siete y medio. Esto es fiebre. Así que... será mejor que te acuestes de nuevo, ¿vale?

—Pero yo quiero desayunar.

—¿Tienes hambre, hijo?

—Sí.

—Eso es buena señal.

—Bueno, pues Alberto te llevará a la cama mientras te preparo el desayuno, ¿vale?

—¿Me cuentas un cuento, Alberto?

—Claro, hijo —le cogí en brazos y le llevé a su habitación. En aquel momento leía *El Caballero de la Armadura Oxidada,* de Robert Fisher. Se trataba de una fantasía adulta que simbolizaba nuestra ascensión por la montaña de la vida. El libro enseñaba, de una forma muy amena, que debemos liberarnos de las barreras que nos impiden conocernos y amarnos a nosotros mismos para poder, a su vez, ser capaces de dar y recibir amor. Aquel libro era una lección para todo el mundo y sobre todo para los padres que viven creyendo que aman y sin embargo les cubre un duro caparazón que impide amarse y amar de verdad. Mis convencimientos de la deshumanización siempre los ponía de manifiesto como el desierto, o un caparazón que impide ver y sentir, y que es semejante a la armadura oxidada de nuestro caballero del cuento.

Acosté a Luisito en su cama, le arropé y para que entrara un poco la luz del día, elevé la persiana de su ventana.

—Alberto, ¿me cuentas el cuento ese?

—Es una fantasía para adultos, hijo.

—No importa.

—Bueno, voy a contártelo y te lo traduciré para que lo entiendas.

—¿Qué es traducir?

—Interpretar el texto para que lo entiendas.

—Tampoco sé lo que significa interpretar.

Luisito no podía pasar ni una palabra sin saber su significado.

—Veamos cómo te lo explico. Supón que mamá te trae el desayuno hablando en inglés, ¿entenderías algo?

—No

—Bueno, pues si yo hablo en nuestra lengua sus palabras, pues estoy traduciendo o interpretando lo que dice mamá para que tú lo entiendas. ¿Lo has entendido ahora?

—Ahora sí.

—Bueno, pues lo que voy a hacer con el cuento del Caballero de la Armadura Oxidada es contártelo e interpretártelo para que lo entiendas, ¿vale?

—Vale.

—Pero eso será después de que el niño desayune como Dios manda —Miriam entraba en la habitación con el desayuno en una bandeja.

—A ver... Y después te tomas el antibiótico.

—Está muy malo, mamá.

—Pero tienes que tomártelo, hijo, para que te pongas bueno.

—Está bien —Luisito era un niño muy comprensivo; esta forma de ser iba muy en paralelo con el amor y la bondad que Miriam le transmitia. Ciertamente la realidad me demostraba lo acertado de mis pensamientos. El amor es la emoción que nos salvará de la desolación que produce el odio. Los niños educados en las emociones bondadosas y en todos los valores que de ellas se desprenden, nunca serán niños agresivos ni adultos perversos.

—Alberto, ya he terminado —dijo Luisito con aquel tonillo y desparpajo que le caracterizaba.

—Veamos.

—Yo, mientras, voy arreglando la casa y preparo la comida.

—Voy a estar un ratito con Luisito y luego te ayudo, ¿vale?

—No te preocupes, es poco lo que tengo que hacer. Cuando termines, seguimos hablando de nuestro tema.

—Vale, Miriam.

—Bueno, veamos. Te leo el primer capítulo y por la noche seguimos, ¿vale?

—Vale.

«Hace ya mucho tiempo, en una tierra muy lejana, vivía un caballero que pensaba que era bueno, generoso y amoroso. Hacía todo lo que suelen hacer los caballeros buenos, generosos y amorosos. Luchaba contra sus enemigos, que eran malos mezquinos y odiosos...»

Leí el primer capítulo, de dieciocho páginas, y le explique el significado. Le encantó.

—Luego me lees el segundo capítulo, ¿vale?

—Muy bien. Ahora voy a ayudar a mamá, ¿vale? —Miriam preparaba un cocido en la cocina.

—Vale.

—Hola, ¿en qué te puedo ayudar?

—Pícame un poco de cebolla en trozos medianos y dos o tres dientes de ajo —inmediatamente me puse manos a la faena.

—Luisito es muy sensible e inteligente. Mientras le contaba el cuento del Caballero de la Armadura Oxidada ha tenido unas reacciones increíbles. Tenemos una gran responsabilidad con él. No podemos mostrarnos indiferentes. Debemos asumir nuestra tarea con la misma alegría y amor que tenemos ahora. Es nuestro tesoro Miriam, y no debemos deteriorarlo por nada en el mundo —Miriam me miraba con sus ojillos emotivos, comprendiendo que mis palabras salían de mi corazón y con mucha nostalgia por no haber sabido aprovechar el tiempo en la infancia de mis hijos—. Si yo hubiera sido consciente hace años de lo valioso que es el amor, no hubiera cometido tantas equivocaciones en mi anterior matrimonio. Pero cuando somos jóvenes no sabemos apreciar el valor tan importante de los sentimientos, y como el Caballero de la Armadura Oxidada, nos lanzamos a la vida, cegados por las ansias de triunfar y ganar dinero. Después, al cabo del tiempo, nos convertimos en insensibles caballeros que ni sienten ni padecen. Nos volvemos insensibles para apreciar el valor tan inmenso que tiene la vida y la familia. Nos formamos una coraza que no deja traspasar nada de lo que sucede. Parece que lo más importante es ganar y triunfar... hasta que el sufrimiento nos planta cara y vemos que es imposible deshacernos de todo el maldito caparazón que hemos creado. Y vienen las crisis, y necesitamos ayuda de alguien que pueda liberarnos para encontrarnos de nuevo con nosotros mismos. Yo conseguí liberarme tarde y lo pagué con la separación. Mis ojos se abrieron tarde para comprender que lo más importante eran mi mujer y mis hijos. Mi familia. Mis hijos los tengo y los adoro, pero perdí a mi mujer y eso fue como si me clavaran un puñal en el corazón.

—¡Alberto!

—Perdona, Miriam, que de nuevo dramatice tanto... pero es que a veces... recordando, se me abren las heridas.

—No importa. Desahógate todo lo que quieras.

—Gracias por... por entenderme. Pero... —al mirar a aquella mujer se me abría una puerta de esperanza— pero gracias a Dios he encontrado de nuevo una mujer maravillosa. Esta oportunidad no voy a perderla, porque ahora sé donde está el auténtico valor de la vida.

—Cómo me gusta oírte hablar así. Ven que te dé un beso, mi amor —dijo Miriam.

Me acerqué a ella y nos besamos. Mi vida de nuevo recuperaba sentido, después del trago amargo de mi separación. Era un hombre de mediana edad, pero volvía a resucitar, en un nuevo núcleo familiar. Francamente, no habría podido vivir en soledad por mucho tiempo.

Cada día mi entusiasmo iba en aumento y a veces pensaba tener otro hijo o hija. No quise decírselo a Miriam porque debía asegurarme del todo. A veces los impulsos engañan y yo quería saber más de mi propia naturaleza. No podía volver a caer en los mismos errores, aunque este pensamiento era sólo una intención. Creo que en cualquier edad e incluso con mucha experiencia se duda; lo importante es saber guiarnos por la sabia naturaleza, desde la responsabilidad. Seguro que Luisito iba a sentirse mejor con un hermanito o una hermanita. Claro que mis exigencias de padre habían cambiado con el tiempo. Hace veinte años, cuando tuve a mis dos hijos, era muy joven, y aunque quería comprender muchas cosas me fue imposible asimilar lo esencial. Leía todo cuanto caía en mis manos. Estaba pendiente de la información que los psicólogos y pedagogos nos daban por televisión y radio, pero así y todo, con el tiempo formé mi impenetrable caparazón. Porque la nuestra es una sociedad de padres ocupados hasta el estrés y lo justificaba: «Hay que trabajar, hay que ganar, hay que tener, no hay tiempo para nada...» y la familia pasa a un segundo plano lejano. Pero seguimos pensando que todo lo hacemos por ella. Olvidamos que tenemos que mantener un sano equilibrio. De esta forma nuestros hijos pueden sufrir nuestros malos tratos. Con el tiempo comprobé que no merecía la pena, pero hay una fuerza como la inercia que te empuja y no te deja parar hasta que te empotras contra la pared, y allí ya no hay remedio.

Ser padre ayer, hoy y siempre es un papel esencial en el desarrollo de los hijos y una de las claves del futuro de la humanidad. Porque no podemos esperar un milagro de fuera, es la sociedad entera la responsable de su propio destino. Es la familia, y cada padre debe ser el motor del cambio que deseamos. Pero... ¡cómo podemos convencernos!

Los hijos, desde la más tierna infancia, necesitan de unos padres comprometidos, afectivos... esta es una condición básica junto con otras actitudes. El conocimiento y la información nos ayudarán a potenciar el proceso evolutivo y natural, manteniéndonos en una pedagogía del amor que es la que influye y determina la personalidad libre y equilibrada de nuestros hijos.

Pero debemos tener en cuenta, también, que un exceso de protección es tan malo como las carencias de afectos, porque de esta forma nuestros hijos se hacen seres inseguros, sin autonomía... A lo largo de la vida el protagonismo excesivo de los padres hace que los hijos sean también retraídos, dependientes, fracasados en el trato social... y cuando queremos corregir esa superprotección, puede ser tarde, creándose adultos sin autonomía, muy dependientes, insociables... en definitiva, se puede formar una personalidad extraña y tan defectuosa como cuando no existe el amor.

Los niños protegidos física y ecónomicamente también deben estarlo psicológicamente, para que al llegar a la edad de la adolescencia sepan enfrentarse a los problemas.

Es delicado ser padres, desde luego, pero un amor auténtico y sano por nuestros hijos nos hace detectar esos inconvenientes, madurar y trabajar con nuestros hijos para que sus potencialidades mejoren. Podemos empezar a ayudarlos desde el nacimiento, porque según los expertos los niños pequeños logran una mayor madurez y desarrollo social, psíquico y somático cuando son estimulados y dirigidos por los adultos. Cosas que para los adultos son insignificantes, para los niños pequeños resultan esenciales, porque el aprendizaje de las habilidades emocionales comienza en la misma cuna. Un bebé que tiene una actitud positiva hacia la vida y tiene confianza en sus propias capacidades será un adulto sano y autosuficiente.

—¿Qué piensas, Alberto?

—En lo de siempre, Miriam. Pero hay algo que se me ha pasado como una ráfaga por la imaginación, y ha sido... aquellos padres que protegen en exceso a sus hijos.

—Buf... eso es horrible: atontan a los críos. La vecina del tercero tiene un chico de dieciséis años que no sale de casa por puro complejo. El chaval está apocado. Yo creo que no tiene amigos. Siempre va con sus padres o abuelos.

—Los buenos padres son amorosos y desarrollan la sabiduría natural, echando incluso mano de libros y de todo aquello que les pueda ayudar en tan difícil tarea. Como hemos hablado tantas veces, son padres que se superan a sí mismos, cambiando, modificando su conducta y creciendo por dentro. ¡Como tú, Miriam!

—Sí, como yo. ¡No tengo que aprender...! —dijo humilde y resignada.

—Insisto, Miriam, tú eres un ejemplo. Tu contestación demuestra un interés de fondo muy maduro.

—No... yo siempre he creído que hay que aprender mucho... además del instinto materno que la naturaleza me ha dado.

—Si todos los padres supieran que sus acciones generarán la confianza, la curiosidad, el placer de aprender, el conocimiento de sus propias limitaciones... y que todo esto lleva a sus hijos al éxito, ¡cuántos padres cambiarían sus actitudes!

—Pero por desgracia existe mucha ignorancia todavía, aunque yo creo que la mayoría, por fin, vamos espabilando.

—¿Me das los ajos, por favor?

—¿Los quieres enteros o partidos?

—No, no... Enteros.

—¿Se echan los dientes enteros en el cocido?

—¡Claro!

—¡Anda!, pues yo pensaba que se picaban.

—No. En el cocido no. En los sofritos siempre se pican —me sentía a gusto en aquella cocina llena del amor por todas partes. Respirábamos amor. El diálogo íntimo sin ningún tipo de roces emocionalmente áridos era encantador. La mayor felicidad se experimenta cuando sabes que estás con una persona que te ama y te entiende. Yo me sentía amado y la amaba. Sintonizábamos. Nuestras emociones brotaban espontáneas sin ningún tipo de alteración. En ese estado se fortalece el valor supremo de la fidelidad al ser amado. ¡Qué gratificante es poder amar! Es un estado supremo de alegría y felicidad.

—¿Cuánto tarda en hacerse el cocido?

—Unos treinta minutos en la olla express. ¿Por qué me haces esa pregunta?

—No, por curiosidad.

—Alberto, ¿te acuerdas de tu ex mujer?

—¿Por qué me haces esa pregunta?

—Pues no sé, quizá sea por puro egoísmo, porque te quiero todo para mí.

—Si te digo que no me acuerdo, mentiría. Fueron muchos años viviendo con ella. Me dejó una huella imborrable. Muchas veces sueño con ella. No es una obsesión, pero no cabe duda que estoy marcado para siempre. Es como si llevara una vida dentro de mí, de la que nunca podré desprenderme. Las personas nos impregnamos emocionalmente unas de otras y aunque hagamos la vida con otras personas, si el odio no ha interferido para destruirlo todo, existe un hilo directo emocional hacia el corazón. Con mi ex mujer me llevo bien. Quise desde el primer momento desterrar todo tipo de resentimientos que enturbiaran mi relación de amistad con ella y estoy abierto a ayudarla en todo lo que sea necesario. Me acuerdo de ella porque es inevitable.

—¿La sigues queriendo?

—Miriam, ¿esto es una prueba?

—Curiosidad nada más.

—Pero, ¿en esa curiosidad hay celos?

—Quizá.

—¿Los hay?

—Sí... por qué voy a negarlo.

—¿Eso quiere decir que no confías en mí?

—Sí confío, pero es inevitable...

—Puedes confiar totalmente en mí, Miriam. No creas que estoy contigo por otro aspecto que no sea el amor. Cuando se alcanza una edad como la mía y habiendo pasado por la experiencia de ser marido y padre... estas decisiones cuestan bastante. Lo tienes que entender, y yo lo he visto clarísimo, Miriam. Durante un tiempo estuve esperando por si existía alguna solución a la crisis de mi matrimonio, y no la hubo. Esperé con mucha esperanza que se resolvieran nuestros problemas, pero pasado el tiempo vi que ya no había nada. Que tenía que rehacer mi vida, pues ya no podía contar con ella en lo más mínimo. Después, mi imaginación se disparó buscando la manera de encontrar un nuevo equilibrio. En el fondo me sentía muy solo. Nunca pensé sentirme así. Necesitaba amar y que me amasen, pero la nueva experiencia tenía que ser diferente. No podía cometer tantos errores de egoísmo. Lo pensé mucho, Miriam. Mi decisión no fue solamente por un acto de egoísmo, sino por un acto de amor profundo. A mi mujer nunca la podré olvidar. Nunca podré dejar de quererla porque fue un ejemplo y una experiencia muy profunda. Me imagino que a ti te pasará lo mismo con Arturo.

—Sí, pero Arturo está muerto.

—Pero, ¿le has olvidado?

—Eso es imposible, porque Arturo fue también un ser extraordinario del que estaba profundamente enamorada.

—Pues a mí me pasa lo mismo. Mi mujer está viva y por este motivo quizás esté más vivo mi sentimiento hacia ella. Pero no tengas dudas, en mi corazón hay muchos espacios, tantos como personas amo, y tú tienes un espacio muy importante en mi corazón.

—Arturo, perdona.

—¿Por qué he de perdonarte?

—Por mis dudas

—Eso es normal. Es bueno comunicar lo que se siente, porque así nuestros lazos afectivos se unirán más sólidamente. Una de las cosas que he aprendido es a conocer cómo sois las mujeres.

—¿Cómo somos?

—Sois de Venus, y los hombres somos de Marte.

—Ese es el título de un libro que leí hace tiempo.

—Es así. Somos emocionalmente diferentes, y es un hecho que hay que saber entender para evitar conflictos. Imagínate que no hubiera dado importancia a tu llamada de atención o hubiera ocultado mis sentimientos...

—Pues muy mal.

—No habríamos llegado al punto de unión emocional en el que estamos y se hubiera formado un espacio en blanco o una laguna. La acumulación de momentos inconexos o de quejas produce situaciones emocionales explosivas. Sin embargo, he captado el motivo por el cual tratabas de saber mis sentimientos.

—¿Cuál ha sido el motivo?

—Más que celos ha sido amor, y tratar de inspeccionar el estado de mi corazón, sobre todo porque necesitas que nuestra relación sea fluida y saludable. ¿Es así?

—Sí, Alberto, es así. Soy un poco celosilla. Creo que es normal cuando se ama de verdad, pero, sobre todo, quiero que nuestra relación sea lo más solida posible.

—Las mujeres como tú, Miriam, y como mi ex mujer vivís la relación tan intensa y profundamente que necesitáis hablar y aclarar continuamente para liberaros del exceso de presión emocional. Los hombres, por lo general, somos diferentes y nos incomoda estar continuamente hablando de algo que damos por supuesto. Eludimos vuestros conflictos y lo normal es que no comprendamos esas llamadas de atención que pulsáis para indicarnos lo necesaria que es la comunicación, que sirve para el buen entendimiento de lo que yo llamo universos personales.

—Me admiro de todo lo que sabes.

—Es experiencia. Recuerdo cuando era más joven, y reconozco que fui un ciego. Tanto, que no puedo comprender cómo duró mi matrimonio veintidós años. Cada vez que pienso en ello, me sorprendo de mi ignorancia. No sabía mucho acerca de mí mismo e ignoraba los sentimientos de mi mujer, y así... pasó lo que pasó: surgieron las crisis y los conflictos. Para vosotras es sumamente importante sentir que os escuchamos, empatizar y compartir vuestros sentimientos. Un hombre debe saber interpretar el mundo interior de su mujer y concederle siempre un respeto e interés especial. Somos imperfectos pero lo elemental, hay que saberlo, para no caer en la trampa de las críticas encendidas.

—Es que, en definitiva, lo que deseamos las mujeres, y creo que todo el mundo, es que nuestros sentimientos sean tenidos en cuenta, respetados y valorados. Así nos desahogamos. Pero no solamente las mujeres necesitamos que se nos trate bien: vosotros los hombres necesitáis también el mismo respeto, atención... y los niños... todo el mundo, creo, necesita ser comprendido.

—Sí, sí... así es; lo que trato de decirte es que, concretamente en la pareja, surgen de continuo este tipo de conflictos por falta de atención por parte de los hombres, porque el hombre y la mujer son diferentes. Eso no se puede negar; por tanto, de lo que se trata es de aprender. Todos debemos aprender, pero los hombres de una forma especial tenemos que despertar hacia las quejas y los sentimientos que de forma vehemente expresan las mujeres. Para que no se llamen a engaño y sepan captar el tono con el que muchas veces os expresáis, porque en definitiva la vehemencia es sólo la intensidad emocional con que las esposas viven la relación. Yo cometí muchos errores por no entender el lenguaje de la emoción desde la más profunda autenticidad. Mi ira se disparaba sin tino y producía discusiones que después, pensándolo fríamente, me resultaban ridículas. La verdad es que, con mi mujer, fui muy irascible. Demasiado, por ignorancia y una falta de empatía enorme hacia sus sentimientos. No entendía que muchas de sus quejas no eran ataques hacia mi persona, sino tan sólo una afirmación de que muchas de mis acciones resultaban en muchos casos inaceptables. Yo me defendía con mucha ira y a veces me atrincheraba; esto, claro, provocaba la escalada de violencia verbal. Entiendo que, en muchas ocasiones, podía haber servido de gran ayuda el que mi mujer formulara sus quejas sin dejar de expresar el amor que sentía hacia mí; de esta forma quizá no hubiera provocado mis horribles estallidos de cólera.

—¿Tenías muy mala leche?

—Era mi mayor problema. Siempre pedía perdón porque me disparaba por nada. Esto sucedía sólo en casa, porque en la calle era muy de correcto.

—Mejor, demasiado inhibido... por eso de la educación y tal.

—Pues sí, es verdad, muchas veces me asombraba no enfadarme con nadie, y en casa, todo lo contrario, aunque era muy consciente del amor y el respeto que les debía a mi mujer y a mis hijos. También cometí muchas torpezas con mis hijos, de las que rápidamente me arrepentía. Tenía claro que no debía hacerles daño ni física, ni emocionalmente.

—O sea, que fuiste un padre ejemplar.

—No, nada de eso, aunque yo creía que era muy bueno; incluso toda la familia siempre me consideró una buena persona. No fui del todo bueno, aunque la verdad es que siempre intenté no perjudicar a nadie; pero desde luego no era un santo.

—Nadie lo es.

—Ahora que puedo verme a través del tiempo, creo que era muy imperfecto, pero con un mensaje de no violencia, paz y amor muy fuerte dentro de mí. La educación religiosa y el conocimiento de Jesús me ayudaban a vencer la mala bestia de las emociones encendidas. Gracias a esta educación, quise siempre superarme para no perjudicar a mi familia en lo más mínimo. Lo que sucede es que... tiene que pasar el tiempo para poder asimilar, aprender y crecer por dentro. Y mientras estás aprendiendo, los seres queridos que tienes cerca pagan las consecuencias de las salidas de tono. Parece inevitable. Pero ya te digo, yo estaba en plena lucha conmigo mismo para superarme.

—Con el tiempo aprendiste.

—No tuve más remedio, sobre todo aprendí a conocerme y a superarme. El conocimiento emocional me abrió las puertas para entender que las relaciones humanas se basan en ese amplio mundo que, desde hace miles de años, las religiones están aconsejando y creando normas de conducta para no caer en el terrible error de la violencia y en un extremo: la muerte. Lástima que se hayan mezclado la esencia de los mensajes con las memeces humanas, pero todo se aclarará con el tiempo para que las buenas semillas fructifiquen en el corazón de los hombres y mujeres del mundo. Al tomar conciencia de mí mismo, pude valorar todo los estados en los que me encontraba, para así poder empatizar con las emociones de mi mujer y mis hijos. Con mis hijos tuve éxito, porque ellos reconocieron mi gran superación. Con mi mujer fracasé por muchas circunstancias que escapaban a mi control, entre ellas mi situación de inestabilidad laboral, las deudas y los problemas de los hijos... entre otras dificultades. Todas estas situaciones crean mucha desesperación y nos vimos desbordados. Fuimos incapaces de encontrar argumentos para detener los resentimientos. No pudimos controlar nuestras desavenencias conyugales. Mi decisión definitiva fue restar tensión y lo conseguí muchas veces, pero encontrar solución al callejón sin salida en el que nos encontrábamos fue imposible. Esta fue la última etapa de mi matrimonio y la más difícil, porque mis hijos eran adolescentes, ya entrados en la edad adulta.

—¿En aquellos momentos no odiabas?

—Tenía que evitarlo por todos los medios. Estaba muy atento a esta explosión negativa. Podría haber sido el hombre más resentido del mundo, porque normalmente todos actuamos así, odiando y echando la culpa al contrario. Pero conscientemente fui contracorriente a esta tendencia. Hice muchos esfuerzos por no odiar a mi mujer. Muchos, no lo sabes tú bien, porque siempre hay motivos para odiar, y en estas ocasiones el amor se transformaba en odio, pero preferí disolver estos sentimientos malignos conociéndolos, y hacer un análisis profundo de la situación. Mi familia estaba definitivamente rota, pero yo no podía destruirla más y retiré toda mala intención por mi parte. En aquellos momentos lo más importante, y a pesar de la situación calamitosa, era volver de nuevo al amor y todos los sentimientos nobles que emanan de él. Yo amo a mi mujer, Miriam, y no puedo negarlo, y además nunca la olvidaré. Mi familia había sido una experiencia formidable. Tener dos hijos era maravilloso incluso a pesar de todos los inconvenientes, y decidí ser fiel a la voz de mi interior, que me indicaba cómo debía guiarme. Además, no sólo rompía con mi mujer, también con toda su familia, a los que amaba mucho. Sus padres y hermanas fueron mi familia y no hubo más remedio que desconectar. Fue muy duro romper con tanta gente buena. Mejor no recordarlo, porque me enferma...

—Tranquilízate, Alberto —Miriam me calmaba.

Se me hizo un nudo en la garganta y no podía hablar. La vida es muy dura e incontrolable cuando las circunstancias no ayudan. Fue un trago duro el que tuvimos que pasar tanto mi ex mujer como yo, porque ella también consideraba la familia como algo esencial. Con esta experiencia compruebas que son los lazos de sangre los que mantienen unidos, todo lo demás tiende a disgregarse en lo que fue antes del matrimonio: amigos y conocidos. Los verdaderos padres y hermanos son de sangre y son los que se mantienen unidos e incluso a la defensiva por si hay algún inconveniente o amenaza por la parte contraria.

Nuestra conversación dejaba bien claro que las tensiones de los padres crean angustia en los niños y son semillas de agresividad. En mi caso, la separación se produjo con mis hijos ya adultos, y aunque la situación era desestabilizadora, no causó tanto daño. En esa etapa es cuando los padres deben cuidar y desarrollar la capacidad de tranquilizarse por medio de la empatía, y esto facilita el que la pareja sea capaz de resolver más eficazmente sus desacuerdos. El desarrollo de este tipo de habilidades hace posible la existencia de discusiones sanas, de «buenas peleas» que contribuyen a la maduración del matrimonio y cortan de raíz las formas negativas de relación que suelen llevar a la pareja a la ruptura.

Pero los hábitos emocionales no pueden cambiarse de la noche a la mañana, se trata de una labor que exige mucha atención y perseverancia. Los cambios fundamentales que puede experimentar una pareja están directamente relacionados con la profundidad de su motivación. La mayor parte de las reacciones emocionales que se presentan en el seno del matrimonio comenzaron a modelarse desde nuestra más tierna infancia, imbuidas por el aprendizaje que supuso la relación entre nuestros padres y ejercitadas posteriormente en nuestras relaciones más íntimas. Por más que tratemos de convencernos de lo contrario, todos llevamos la impronta de los hábitos emocionales aprendidos en la relación que sostuvimos con nuestros padres, como reaccionar desproporcionadamente ante agravios de poca importancia o encerrarnos en nosotros mismos al menor signo de enfrentamiento.

Tranquilidad

—Yo no sé por qué, pero a lo largo de la vida he madurado mucho y lo mejor que podemos hacer es tranquilizarnos a nosotros mismos. Las tensiones sólo generan destrucción. En mi familia, como éramos tantos hermanos, a veces se encendían los ánimos y aprendimos todos a serenarnos para poder comunicar nuestros sentimientos. Mis padres nos enseñaron a tomar las riendas de las emociones para que no se desbocaran. Fíjate que eran personas sin cultura y ya tenían la madurez suficiente para saber que el orden dependía del cariño y ellos nos daban ejemplo a través de su espiritualidad. Muchas veces nos contaron la parábola del buen sembrador, y cómo las buenas y malas semillas crecían todas juntas. Que las semilllas malas sólo traían violencia y maldad. Ser buenos, para ellos, era lo más importante y tenían tantos razonamientos y buenas acciones para convencernos, que después de tanto tiempo, es una verdad en la que he seguido creyendo.

—Mi padre siempre nos decía que antes de enfadarnos contáramos hasta cien. Los seres humanos han sabido desde siempre del malestar y las consecuencias negativas de los impulsos intensos que subyacen en el núcleo de toda emoción, por el destrozo que causan. Y es que un enfado crea residuos fisiológicos que generan más enfado. Es muy difícil llevar a la práctica el dominio de los estados del ánimo, sobre todo en las relaciones más próximas.

—En la familia es una tarea de lo más difícil, porque las reacciones afloran hiriendo los sentimientos. ¿Y por qué nos herimos tanto, Alberto?

—Porque todos albergamos un deseo profundo de ser amados y respetados. Sencillamente por eso. Una falta de respeto cala tan hondo que provoca impulsos agresivos y nos ponen a la defensiva como si nuestra vida se hallara en peligro. Y cuando el hemisferio emocional desborda al otro hemisferio que se encarga del pensamiento y la razón, es imposible el dominio adecuado. En la familia es necesario un aprendizaje para calmar los sentimientos angustiosos. Los padres, calmándose entre sí, están a la vez enseñando a desarrollar en sus hijos capacidades para recuperarse rápidamente a la normalidad. Por este motivo es necesario saber escuchar, pensar y hablar con claridad, ya que estas capacidades, normalmente, se ven mermadas cuando se disparan las emociones intensas. Pero si diariamente nos entrenamos en el hecho de saber tranquilizarnos, este problema que afecta a todo el mundo, y que es necesario conocer, lo iremos resolviendo con éxito. De esclavos de las pasiones pasamos a ser libres para pensar, escuchar y hablar sin trabas. Porque la verdadera libertad está en el dominio de uno mismo. Los romanos y la Iglesia cristiana primitiva denominaban a este dominio, *templanza,* o sea, contención del exceso emocional, y el objetivo de la *templanza* no es la represión de las emociones, sino el equilibrio, porque cada sentimiento es muy importante y tiene su propio valor y significado. Lo importante es conseguir un tipo de sentimiento que concuerde con las circunstancias. Acallar nuestros impulsos conduce al embotamiento y la apatía. Ni un extremo ni el otro son buenos, lo importante es saber controlar las emociones angustiantes y destructivas. La vida está sembrada de altibajos, pero nosotros debemos aprender a mantener el equilibrio, porque es necesaria una adecuada proporción entre emociones negativas y positivas.

—Han pasado quince minutos. ¡Ya está el cocido! —Miriam se levantó para apartar la olla express del fuego—. Alberto, ya verás qué garbancitos vamos a comer... —y me dio un beso.

CAPÍTULO X

NIHILISMO
Y DESHUMANIZACIÓN.

—Alberto..., ven.

—¿Qué quieres hijo?

—Que me sigas contando el cuento del Caballero de la Armadura Oxidada.

—¿Te encuentras mejor?

—Sí. Ya no tengo fiebre.

—¿A ver? —le puse la mano en la frente—. Ya estás mucho mejor, pero tienes que seguir en la cama.

—Si ya lo sé, pesadito.

—Bueno.

—Cuéntame el cuento.

—Venga, vamos allá —cogí el libro y leí el capítulo dos.

«No fue tarea fácil encontrar al astuto mago. Había muchos bosques en los que buscar, pero sólo un Merlín. Así que el pobre caballero cabalgó día tras día, noche tras noche, debilitándose cada vez más.

Mientras cabalgaba en solitario a través de los bosques, el caballero se dio cuenta de que había muchas cosas que no sabía. Siempre había pensado que era muy listo, pero no se sentía tan listo ahora, intentando sobrevivir en los bosques...»

Después de leerle el cuento, Luisito estaba más calmado y me fui de nuevo con Miriam a la cocina. Batía huevos...

—¿Que vas hacer ahora?

—Unas rosquillas.

—¿Te ayudo?

—Bueno... —y entre los dos hicimos unas sabrosas rosquillas. Después leí en el periódico la triste noticia de la masacre de Denver. Vi necesario comentarla y sacar algunas conclusiones.

* * *

«Sus dos millones de habitantes son mayoritariamente blancos y ricos, pero la ciudad de Denver ha tenido durante ocho años un alcalde negro, el demócrata Wellington Webb. Su enorme popularidad, dicen, le llevará a un tercer mandato en las próximas elecciones. La semana pasada, Webb animó a los vecinos de Denver a llamar a las oficinas de la National Rifle Associatión (NRA), el "lobby" de los usuarios de armas en Estados Unidos, para decir: "No queremos que vengáis a nuestra ciudad." El grupo de presión que preside Charlton Heston tenía previsto celebrar su convención anual en Denver la semana entrante. Pero el pasado martes, *dos jóvenes estudiantes del instituto Columbine, al sur del centro urbano, entraron en la escuela con escopetas recortadas, pistolas y granadas de mano y masacraron a doce alumnos y un profesor. Luego, al parecer, se suicidaron.* Eric Harris y Dylan Klebold habían colocado también treinta trampas explosivas en el edificio y sus alrededores, y en la cocina dejaron una bomba hecha con una bombona de propano y gasolina que de haber explotado habría devastado toda la estructura.

La NRA acabó reduciendo su cita en Denver a una mera reunión de negocios. pero la ciudad, un importante centro de comunicaciones a las puertas del oeste de EE.UU. junto a las Rocosas, es desde ahora el escenario de la peor matanza de quinceañeros en la historia del país.

—*Nunca en mi vida he visto una cantidad de autocrítica y búsqueda de significado como ahora* —dijo un nativo de la ciudad, empleado de la universidad estatal.

—*De aquí no pasa...* —parece decir todo el mundo, desde la madre de una víctima hasta el presidente—. *Si dejamos pasar esta oportunidad para el cambio, no sé qué nos puede pasar.* Y el gobernador Bill Owens, republicano, había señalado antes que lo que ocurre con la violencia juvenil en EE.UU. es *"un virus cultural"*. *El propio Bill Clinton ha recordado que cuando ha querido restringir el uso de armas, la NRA y otras voces le han criticado por querer cambiar el modo de vida americano.*

La ciudad de Denver tiene su origen en 1858, cuando los buscadores de oro echaron del lugar a los indios arapahoe. Hasta comienzos de este siglo fue sólo un asentamiento de barracas de madera en las faldas de las Montañas Rocosas. El gran crecimiento urbano no llegó hasta la segunda posguerra mundial. Jack Kerouac situó en Denver gran parte de la acción de *En el camino*. El auge y la posterior crisis del petróleo marcaron definitivamente el centro urbano, que actualmente ha sabido reinventarse en torno a industrias de alta tecnología y telecomunicaciones.

Hoy Denver es una ciudad próspera y en crecimiento, con uno de los aeropuertos más modernos del mundo. El lado negativo es que el crecimiento se está produciendo de forma descontrolada a base de centros comerciales de una falsedad agresiva, que se encadena a lo largo de millas y millas. El guionista de Hollywood Stephen Schiff, que nació en Littlenton, escribía esta semana en *The New York Times* que en este paisaje es difícil escapar al anonimato. —*El significado se evapora, y en un mundo de monótono ganar y gastar, la necesidad de sacudir las cosas y dejar una huella, es más poderosa que todo lo demás, incluso que la sensatez.*

El psiquiatra de Denver Robert Friedman asegura que los problemas de violencia infantil en EE.UU. no son peores que en otras partes del mundo. —*No sabemos absolutamente nada sobre los sospechosos de esta matanza, ni siquiera que se trata de una cuestión psiquiátrica. Sólo podemos hacer inferencias de lo que ha ocurrido en las tragedias más recientes, de niños perturbados que obedecen a imágenes mentales pero que no han recibido tratamiento a tiempo.*

Sin embargo, Jeanne Mueller Rohner, directora de la Asociación de Salud Mental de Colorado, no duda en decir que éste es "un momento de crisis nacional" provocado entre otras cosas por el estigma asociado a las enfermedades mentales. —*En Colorado nuestros hijos corren un peligro especialmente grave, la depresión es un problema generalizado y tenemos unas de las tasas más altas de suicidios entre adolescentes.*

Para Muller-Rohner el problema va más allá de la depresión. —*Estos niños nos están diciendo algo, pero como no tienen voz porque no les dejamos hablar, utilizan balas. Y digo niños porque las niñas tienen una mayor masa encefálica, lo que se asocia con el instinto de protección. Tienen reacciones más pasivas: se cortan, se arrancan el pelo, toman drogas. Intentan suicidarse mucho más a menudo que los niños, pero no lo logran.*

En medio de una tormenta de nieve nocturna, unas trescientas personas se congregaron el jueves por la noche en la iglesia catolica Saint Frances Cabrini para recordar a las víctimas. Entraban llorando, abrazándose, recogiendo a la entrada unos papeles fotocopiados con consejos para superar el dolor. En las sillas había cajas de «Kleenex» y las letras de algunas canciones que se iban a cantar: *Esta luz mía, voy a dejar que brille / No voy a dejar a Satanás que la apague, no, voy a dejar que brille.* En una ceremonia heterodoxa, con elementos de *gospel* o concierto pop, el director del instituto Columbine, Frank D'Angelis, se puso en el altar y fue abrazando uno a uno a todos los jóvenes que querían acercarse a él. Luego declaró entre lágrimas que el instituto Columbine y su comunidad de casi dos mil alumnos saldrán reforzados de la tragedia.

Son chavales que nacieron en los años ochenta, cuando las excavadoras alisaban el terreno para levantar los centros comerciales en los que ahora respiran, comen, se entretienen, se conocen se *aman*. Su comportamiento se está también adaptado a las reglas de los medios de comunicación que, sin menospreciar su genuino dolor, parecen estar actuando y saber lo que las cámaras quieren ver. El jueves, en las inmediaciones de la escuela, un alto y fornido estudiante llamado Dustin, que llevaba pantalones de camuflaje militar, hizo declaraciones sobre lo ocurido

—La prensa cree que se conoce toda la historia —decía con lágrimas en los ojos. Yo conocía bien a Eric y a Dylan, y ni siquiera yo conozco la historia.

A medida que los micrófonos se agolpaban a su alrededor Dustin bajaba la mirada y dramatizaba más sus palabras. «¡No eran neonazis! ¡Por favor, no quiero hacer más declaraciones.» Un grupo se abalanzó a abrazarle, y de la piña humana salió una mano para tapar el objetivo de una cámara.

¿Quiénes eran Eric Harris y Dylan Klebold? ¿Lo que hicieron es una burda imitación de la cultura de violencia virtual y gratuita que les rodeaba? No tanto como sugieren las crónicas más escandalosas, pero más de lo que muchos están dispuestos a aceptar. En mayor medida que en otros casos recientes de violencia en escuelas de EE.UU., en éste ha surgido un aluvión de referentes culturales asociados a la tragedia. El primero es Internet, donde al parecer Harris había detallado sus planes, con referencias al cumpleaños de Adolfo Hitler (20 de abril.) Los sospechosos también eran aficionados al videojuego «Doom», para el cual incluso programaban sus propios niveles. Este es un programa en el que el jugador avanza por pasillos aniquilando con armas todo lo que se pone en su camino. Aunque no se pueda culpar a «Doom» de la matanza, es imposible negar los paralelismos. La música de Marilyn Manson y de grupos de música industrial alemana también se puso bajo lupa. Marilyn Manson se disfraza de travesti muerto y canta al nihilismo y al suicidio. Un concierto que iba a dar en Denver se ha cancelado. La estética de las gabardinas negras domina también en una nueva película de acción virtual y violencia extrema titulada «The Matrix», que se puede ver en muchas multisalas que rodean Denver.» (EL PAÍS, abril de 1999.)

* * *

—¿Qué te parece, Miriam?

—Me produce... no sé qué decirte... es tristeza, no sé. Me da pena de los seres humanos. Siento que todos estamos muy desorientados. Los sistemas democráticos son lo mejor para un país, pero la maldad se aprovecha de la libertad para vender, alienar, desorientar y destruir la sensibilidad y los valores de la vida, en la armonía de los afectos y el entendimiento.

—¿Puedes creer que yo siento muchas veces la sensación horrible de vacío, frustración... la deshumanización que sienten estos chicos? Y me considero una persona más o menos sensible, y además un explorador del interior y de la vida, tratando de descifrar tanto misterio como existe; de crecer por dentro en humanidad; de ser bueno en toda la extensión de la palabra. Tú me conoces así, pero hay en mí una parte aburrida, hastiada, desértica, depresiva, vacía... que me hace sufrir. Necesito amar para superarlo. Tengo que estar ocupado, aferrándome al misterio de la vida de una forma evidente. Sin engañarme ni lo más mínimo, tiendo a desarrollar mi capacidad para sorprenderme por todo, porque me da esperanzas intuir, más allá de la superficialidad devastadora, una inmensa posibilidad de que nuestra vida tiene sentido. Si no existiera en mí esa inquietud, correría el grave peligro de ser abordado por el odio, el hastío... que aborrece todo lo que existe y puede sembrar el caos y la muerte. Yo no sé si todos los seres humanos sienten esa angustia, como si la vida careciera de sentido y fuese un infierno. Sentir la soledad y el vacío es angustiante, por eso necesitamos descubrirnos a nosotros mismos para compartir ese interior tan lleno de sangre, de distintas energías, de profunda y milenaria vida, tan llena de silencio y de paz. Son muchas cosas las que he descubierto en mí mismo, para evitar esa sequedad horrible que trae consigo el maldito nihilismo.

—¡Alberto! Yo no sabía que te sintieras así.

Miriam se sorprendía. Le había dado a conocer el estado de esa parte de mi personalidad quemada y sombría, que me causaba conflictos y desequilibrios desde mi más tierna infancia. Se sorprendía y no podía imaginarme de esa forma. Yo tampoco, pero mi experiencia me había servido para conocer la deshumanización de todos aquellos seres horrorosos que se destruían a sí mismos para convertirse en peligrosos seres resentidos. Me metí peligrosamente en las entrañas del infierno materialista-nihilista y fue francamente horrible. No podía creer ya en nada, ni tener fe en un *ser* como Jesús, ni siquiera poseer la conciencia de estar conectado con el misterio. Fue horrible. Esta experiencia me sirvio para poder empatizar con la terrible desesperanza y vacío del mundo de los seres sin alma bondadosa. ¡Qué espantoso fue sentir cómo disminuía mi capacidad de amar! Si el infierno existe, es ese estado del interior, apartado de la alegría y la felicidad que te da compartir la vida con los demás.

En la edad adulta y sobre todo al desconectarme de mis creencias ancestrales, y pasar a razonarlo todo, caí en un nihilismo materialista, terriblemente doloroso y destructivo. Medité muchas veces sobre mi pasado y el gran privilegio que tuve de tener unos padres que me amaron y me enseñaron a amar. ¡Qué hubiera sido de mí si no aprendo a amar! Aunque fui muy egoísta, algo amé, y eso fue motivo importante para vivir gran parte de mi vida en la frescura y el verdor de los valores, y no en el desierto del vacío materialista. Gracias al amor que recibí de mis padres y a la esencia del mensaje de Jesús, que ellos me dieron a conocer con sus acciones, pude gozar tantas veces de la vida. Gracias a ese sendero pude ser un idealista y entender que el mundo podría ser de otra forma: más humano y armonioso. De no ser así, estaría vacío, perdido en la ignorancia de las bajas emociones que generan violencia y destrucción. Yo quizá podría haber adquirido esa mentalidad mezquina del nazismo diabólico, u otro tipo de maldad de las mismas características. Pero en mis genes existían también generaciones y generaciones de hombres y mujeres buenos enlazados con mi pasado remoto y que habían trazado ya su camino evolutivo dentro de mí. Siempre sentí un fuerte impulso a la bondad, sobre todas las tensiones involucionistas que me llevaban hacia la superficialidad materialista. Y en esa lucha de *ser* o *no ser* me mantuve durante mucho tiempo. Cada acto insensible de la deshumanización de la sociedad, me fortalecía para convencerme de la necesidad de ser bondadoso y muy humano, aunque yo no lo fuera.

Ahora, cada vez más, siento lo necesario que es desarrollar la capacidad de amar y estar conectado con los seres humanos y la naturaleza entera, para *ser* de *verdad* y fluir con la vida. Así salí del estado terrible que provoca la ignorancia y pude apreciar la maravillosa existencia.

Los seres humanos nunca podremos saber lo importante que es amar, valorar y apreciar a nuestros hijos (la infancia y la adolescencia entera) para no hacerlos enloquecer. Y sin embargo, ¡qué distraídos estamos todos con nuestros cacharros, con la sola idea de ganar y saciar nuestros egoísmos hedonistas. También la gran necesidad de supervivencia nos priva de estar más tiempo con nuestras familias.

—¿Y por qué te sientes así? —mientras pensaba, Miriam estaba sorprendida y preocupada.

Le podría haber ocultado estos estados de mi interior, pero necesitaba ser del todo sincero.

—Es muy largo y difícil. Poco a poco te contaré cosas, para que me vayas conociendo. Ya desde niño sentía los días muy vacíos y tristes. La vida de mis padres en mi infancia fue muy dura y me contagiaron su sufrimiento. Gracias que me amaron profundamente y supe valorarlo.

—¿Y qué es ese vacío, Alberto? —Miriam insistía porque era incapaz de empatizar con ese estado catastrófico del interior.

—Yo diría que es puro nihilismo materialista que trastorna y destruye todos los sentimientos buenos, la sensibilidad, el sentido que podemos encontrar en la vida. Es una forma de vivir sin esperanzas de ningún tipo, ni en esta vida, ni en la posibilidad de trascendencia. Se pierde el sentido. Es un estado caótico en el que no se cree en nada, ni se sabe apreciar las maravillas naturales que nos hacen vivir alegres y felices. Normalmente, produce trastornos graves y la mente se vuelve neurótica o esquizofrénica. Es como si las energías y la bioquímica de nuestro cuerpo se desequilibraran totalmente, produciendo profundas depresiones y sufrimiento, que llevan a la violencia y al suicidio. Por otro lado los seres que se sienten así en la mayoría de los casos quieren definitivamente morir, no importándoles nada ni esta vida ni siquiera la posible existencia de su transformación después de la muerte.

—¿Tú has sentido todo eso?

—No, Miriam, yo no he estado tan grave. Padecí neurosis obsesiva y quise morirme muchas veces, porque no lo aguantaba. Fueron crisis que fui superando con la ayuda de mi familia. Esos grandes desequilibrios energéticos y bioquímicos no han existido en mi vida, pero los sentí muy cerca. Me salvó mi capacidad de amar, y la oportunidad de desarrollar capacidades humanas y valores para apreciar y percibir la vida en otra dimensión distinta del materialimo feroz. El desarrollo de la capacidad de análisis me sirvió para desbrozar y desgranar tantas y tantas situaciones engañosas, creadas por mi propia personalidad. Yo soy amante de la naturaleza de los animales, de los niños, del conjunto de los seres humanos... de la vida entera, gracias al desarrollo de mis sentimientos. Todo esto tú ya lo sabes.

—No entiendo entonces por qué has deseado morir. Yo nunca me sentí así. ¡Es horrible!

—¡No sabes la suerte que tuviste! Cierto, es horrible y sólo aquellos que pasan por momentos como ésos saben de la desesperación y el deseo de terminar esta vida cuanto antes.

—Sentirse así debe ser... no sé...

—Miriam intentaba sintonizar con el dolor que producía el vacío existencial del que le hablaba y comprendía a medias, porque su vida se había desarrollado en lo que yo llamo el *cielo*, un estado de amor, equilibrio y alegría, con capacidad para resolver todos los inconvenientes por muy duros que éstos fueran. Ella no entendía, como muchas personas que se sienten así, las depresiones ni los suicidios. Para ellos, los deprimidos y suicidas son fracasados de la vida. Miriam no era de ese tipo de persona, porque su sensibilidad y compasión podían comprender el sufrimiento. Se esforzaba por llegar al fondo, pero era inútil si no había vivido el infierno de una depresión. Trataba de explicarle cuáles fueron las causas, incluso en la edad adulta, que me llevaron a aborrecer vivir entre los seres humanos y a soportarlos como pude. Porque para mí uno de los mayores problemas habían sido mis semejantes y sus conductas vanidosas y destructivas.

—Alberto, ¿no tienes posibilidad de superarte del todo?

—Quizás algún día me libere completamente. Yo he sido capaz de aprender de mis circunstancias adversas y esto me han servido para desarrollar aspectos muy importantes, como comprender y controlar mi propia vida. De esta forma, también puedo entender a los demás.

—La depresión es nefasta.

—¡Terrible! Los efectos de la depresión nos deshumanizan, y en ese estado, si eres consciente del grado de deshumanización de la sociedad, incapaz de atender tus problemas personales con un mínimo de cariño, llegas a odiarla. No me extraña la locura del crimen, porque, tanta vanidad y despropósito queman el alma. Creo que todos corremos el peligro de caer en esa trampa, porque las sociedades que se están gestando se limitan solamente a ganar y gastar. Es un mundo de una frivolidad aberrante y de una trivialidad terrible, incapaz de sorprenderse. La felicidad doméstica se está volviendo contra nosotros mismos porque es sinónimo de pereza insolidaria. Una sociedad adaptada solamente a sus artificios y desconectada de sus emociones y de la naturaleza y sus vibraciones, es una sociedad que muere lentamente y, como consecuencia, la familia, que es el núcleo de amor más importante, se desintegra en crisis profundamente depresivas. ¡Cuándo nos daremos cuenta de todo aquello que produce monstruos! ¡Cuándo seremos conscientes de todo aquello que produce ángeles para hacer el bien!

—Yo muchas veces he sentido la tristeza, como creo que es normal en todo el mundo, pero no tengo punto de comparación contigo. La verdad es que siempre me sentí llena. Desde muy niña sentía un amor muy profundo hacia mis padres y hermanos, y ese sentimiento dio sentido a mi vida en todos los aspectos. Además, creo en el más allá. Se que mi vida no se acaba aquí. Creo que existe un algo llamado Dios, energía, universo, cosmos... al que todos retornaremos. Es una verdad que se manifiesta muy profundamente. Creo que hay algo que se manifiesta y lo llena todo, y si nadie me hubiera enseñado, lo habría descubierto por mí misma. Para mí la vida es maravillosa, hasta ahora he disfrutado de ella. Un rayo de luz que entra por la ventana, el movimiento de las hojas movidas por el viento, los animales. los niños, los ríos, las montañas, el sol, la luna, las estrellas... todo me causa una alegría y unos sentimientos indescriptibles.

—Yo también me he sentido así desde mi niñez, pero en paralelo fui marcado por ese lado oscuro que todavía opera en la sombra, creándome un vacío insensible... No sé cómo explicártelo.

—Alberto... yo no quiero que sufras, cariño —Miriam me acariciaba la cabeza como a un niño necesitado de consuelo. Se sentó en mis piernas y la abracé por la cintura.

—Los sociólogos dicen que desde los principios de la civilización el hombre y la mujer hemos sido muy hábiles para dominar a todos los animales, pero sin embargo hemos creado un ser que parece estar poseído por un dios diabólico: el enemigo del humano, nuestro otro yo, nuestro complemento, cuya presencia nos causa un profundo terror en el alma, compañero de comunidad, pero capaz de destruirnos sin motivo ni provocación. La criminalidad de los menores se ha convertido en una pesadilla para todos. Antes los jóvenes se peleaban a puñetazos y se rompían la nariz o perdían algunos dientes; parece que todo esto ha pasado a la historia. Ahora todo los conflictos por triviales que sean se resuelven a navajazos o matándose a tiros. Parece como si la muerte tuviera truco como en el cine. Los jóvenes inmaduros imitadores de la violencia televisiva agreden y matan sin saber que es la vida real, donde todo se paga, y la muerte es algo irreversible.

—¿Por qué siempre es el hombre y no la mujer el que produce tanta violencia?

—Luis Rojas Marcos, uno de los psiquiatras más prestigiosos, dice:

«Nuestra sociedad ha construido tres firmes racionalizaciones culturales para justificar y defender la agresión verbal y física: "el culto al macho", "la glorificación de la competitividad" y "el principio diferenciador de los otros". Estas tres disculpas o pretextos para la violencia tienen profundas raíces en la tradición y reflejan valores muy extendidos en nuestra época.

La cultura actual idealiza la "hombría", el machismo, celebra los atributos duros de la masculinidad, los estereotipos viriles, las imágenes provocadoras del "macho bravío". Esta figura suele estar representada por el hombre agresivo, implacable, despiadado y siempre seguro de sí mismo. Un ser que reta sin miedo, persigue el dominio de los otros, tolera el dolor sin inmutarse, no llora y no expresa sentimientos afectivos. Los varones jóvenes suelen adaptarse a este estereotipo y manifestar esta imagen proverbial de hombría bebiendo, blasfemando, peleando y, algunos, también fornicando. Bastantes coleccionan los triunfos sexuales en el camino hacia el estado de hombre adulto triunfador. Esta mezcla idealizada de actitudes y comportamientos masculinos agresivos, impregna más o menos explícitamente la subcultura de los niños, sus lecturas, sus programas televisivos, sus deportes y sus juegos de vídeo. Y a medida que crecen, estos ingredientes sirven para justificar la liberación de sus impulsos agresivos en el mundo del ocio, en el colegio o la universidad, en el trabajo y en sus relaciones con otras personas.

Muchos han culpado a las tendencias culturales que fomentan el culto a estos atributos masculinos de la mayor incidencia de violencia entre los hombres en comparación con las mujeres. No es un secreto que desde el principio de la civilización los varones han cometido y siguen cometiendo la mayoría de los actos violentos. ¿Por qué son los hombres más violentos que las mujeres? La respuesta a esta vieja pregunta es compleja. De hecho, ha sido objeto de intenso debate, especialmente desde el advenimiento del movimiento feminista.

La teoría popular sostiene que los grupos con menos poder son los más susceptibles de caer en conductas aberrantes, no nos ayuda a explicar por qué el sexo femenino ha mostrado consistentemente menos tendencia a la violencia que el hombre. Tradicionalmente, la mujer ha tenido a su alcance menos oportunidades económicas y menos opciones que el hombre, a pesar de que, en general, aspira a metas parecidas: la realización, la autonomía y la calidad de vida. Una posibilidad apunta a que las mujeres mantienen un mayor compromiso con los valores culturales y las normas sociales que los hombres, por lo que. incluso en circunstancias de carencia, de marginación y de estrés, optan por vías pacíficas y comportamientos legítimos. Otros han alegado factores biológicos y hormonales para explicar que la constitución femenina es menos agresiva y su temperamento menos egoísta y más compasivo.

Yo pienso que la idea de que los hombres son, por naturaleza, más violentos que las mujeres no es correcta. Los estudios más exhaustivos sobre los factores biológicos o antropológicos no ofrecen ninguna razón convincente que apoye la base fisica o sexual de la violencia. Como ya he señalado, los seres humanos aprendemos a ser agresivos de la misma forma que aprendemos a inhibir la agresión. Las tendencias violentas no son más naturales que las tendencias no violentas. Tan biológicamente posibles son la agresión maligna, el fanatismo y la criminalidad como la racionalidad, la compasión y la justicia. Todas estas actitudes y comportamientos están dentro del abanico de posibilidades de la persona normal.»

Tenía cerca una revista que decía: *Cuando los niños sueñan con la muerte*
—Fíjate lo que dice este artículo, Miriam. Es espeluznante:

«Juan tenía sólo siete años cuando intentó acabar con todo colgándose de una cuerda en la terraza. Su hermana de cinco años descubrió el funesto panorama, consiguió avisar a su madre y salvarle la vida. Fue ingresado en urgencias de psiquiatría infantil en el hospital madrileño Gregorio Marañón. Su caso no es único. Miguel también tenía siete años cuando decidió quitarse la vida ahorcándose en su litera con el cinturón de una bata. A él también le libró de una muerte segura su hermana pequeña, que fue quien pidió ayuda a la madre. Tanto Juan como Miguel, soportaban hacía tiempo una situación familiar de violencia y descontrol, debido al alcoholismo de sus respectivos padres. El suicidio es la segunda causa de muerte entre los adolescentes españoles —el 7,6 % ha pensado alguna vez en quitarse la vida—, después de los accidentes de tráfico. En España la tasa media de suicidios consumados en menores de doce años es de 0,04 por cada 100.000 habitantes, y entre trece y diecinueve asciende a 1,02. Tras más de dos décadas trabajando con menores, la psiquiatra infantil del Gregorio Marañon María Jesús Mardomingo Sanz asegura que las patologías las sufren niños cada vez más pequeños y aumentan los ingresos por intento de suicidio en edades más bajas. "Hemos visto casos en niños de ocho y nueve años y depresiones en pequeños de seis y siete años, con cuadros clínicos muy similares a los que presentan personas de veinticinco años. Las causas hay que buscarlas en los cambios ambientales, sociales y culturales, dado que no ha habido cambios genéticos.

El aumento de los casos de depresión y de conflictividad en las familias debido a la incomunicación y la violencia social, la tremenda soledad que sufren los niños, la falta de apoyo emocional de los adolescentes y la desaparición de mediadores en los conflictos familiares (papel que antes representaban los abuelos o los tíos cuando había problemas entre padres e hijos) han provocado en las últimas décadas un aumento de suicidios entre los quince y veinticuatro años. La adolescencia es la edad en la que se da mayor frecuencia de conductas suicidas, llegando a ser nueve veces más común que entre los menores de once años.

—Muchos médicos, y la sociedad entera, tienden a pensar que cuando un niño intenta suicidarse, no quiere quitarse la vida, simplemente pretende llamar la atención, asustar o manipular a sus padres, pero no es así —declara la psiquiatra Mardomingo. La opinión de los niños que lo han intentado no deja lugar a dudas: el 73 % afirma haber deseado totalmente la muerte o al menos tenía sentimientos de indiferencia ante la posibilidad de perder la vida.

Pedro, de catorce años de edad, asegura que vivir en su casa es algo insoportable. Le cuesta entender que sus padres no puedan ser como los de los otros chicos. Sus amigos se sienten protegidos, pero él tiene miedo. Su padre bebe con mucha frecuencia y el alcohol le convierte en un ser muy violento. Un día Pedro encontró unas pastillas y se las tomó. Era la única salida que veía a su alcance, pero no funcionó y todo sigue igual.

—Sólo espero que alguien se dé cuenta de lo mal que lo estoy pasando y me ayude —dice al equipo de psicólogos, psiquiatras y pedagogos que atienden gratuitamente y en todo momento el Teléfono del Menor.

—Los padres se preocupan mucho de la alimentación de sus hijos, leen libros y revistas sobre el desarrollo físico e intelectual, pero no se interesan por los problemas psicológicos que pueden tener —se queja la psicóloga Luz Pérez—. Los expertos coinciden en que un niño no se suicida porque haya sacado malas notas o haya recibido una regañina, tal y como suele recoger la prensa. Esa es una forma de trivializar los problemas de unos menores que se encuentran solos y depresivos.

—Hoy día hay un culto a la muerte y al dolor y una tendencia a ir hasta el límite, hasta lo prohibido. Los niños asumen conductas violentas y normalizan el feísmo, que se les ofrece constantemente en comics, películas y programas televisivos —dice la psicóloga Lucila Andrés—. Disminuiríamos muchas patologías si se formara a los padres y a los niños en fomentar la comunicación, expresar las emociones, buscar alternativas a los problemas, anticipar las consecuencias de los hechos y potenciar la afectividad.»

—Alberto... léeme la tercera parte del Caballero de la Armadura Oxidada... —Luisito me llamaba con una voz muy potente. Se notaba que estaba mejorando.

—Ya voy, hijo —eran las doce y media de la mañana de aquel sábado. Miriam se levantó de mis piernas en donde estaba sentada.

—Mientras tú lees el cuento a Luisito, voy a bajar un momento a la panadería.

—De acuerdo —me fui a la habitación de Luisito y me dispuse a leerle el cuento.

—Este capítulo se titula «El sendero de la *verdad*» y dice así:

«Cuando el caballero despertó, Merlín estaba sentado silenciosamente a su lado.

—Siento no haber actuado como un caballero. Mi barba está hecha una sopa —añadió disgustado...»

Luisito era un niño feliz y yo me sentía alegre y contento de verle así. Sobre todo sentía vibrar con intensidad el amor de padre y recordaba con nostalgia aquellos días de la infancia de mis hijos. Poder amar es la capacidad que nos hace sentir el cielo, y lo más grande y agradable es saber que las palabras de Jesús adquieren sentido en la acción. *Amar a los niños es crear un futuro menos violento y más humano. Nunca podemos olvidarlo.*

ÍNDICE